# 為何會拿好人卡？

老僑的七堂戀愛管理課，
翻轉你自以為是的愛情觀！

目錄

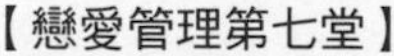

【前言】

# 愛情想不拿卡，得避開錯誤策略

請收下！

其實你不懂她的心

宿命．怨念．

這是兩性皆適用

為何會拿好人卡？

我一直把你當微

愛情想不拿卡，得避開錯誤策略

我覺得我們不適合

我不要當好人

戀愛要成功，八件絕對不能做的事

丈量「心的距離」

為愛往前飛

學會試著降，

心慌亂我給你慰藉

跨越愛情的山丘．

心才能發現幸福的綠洲

情人節

那是什麼東西？可以吃嗎？

步步為營經營愛情！

感情熱度量測表

不想拿好人卡

我們不適合

你是好人

好愛妳愛我，

我們愛這個錯？

其他重要愛情知識

我一直把你當微

情人節

我不要當好人

## 愛情的快思慢想

2002年諾貝爾經濟學獎得主、也是行為經濟學之父丹尼斯．康納曼，在前幾年出了一本厚實的大作，叫做《快思慢想》（*Thinking, Fast and Slow*）。

這位經濟學大師提到，人類腦中其實有兩個不太一樣的決策系統。他把這兩個決策系統簡稱為「系統一」以及「系統二」。系統一是根據直覺迅速做出反應的系統。好處是不太花腦力，能在很短的時間中做出決策。而系統二則是一個比較理性且嚴謹的決策系統，讓我們考慮周全、避開直觀與錯覺的陷阱。可惜的是，系統二通常較花力氣較耗能量，所以大部分時候，人們決策時通常不去動用系統二。

丹尼斯大師透過很多小實驗，來解釋我們因為錨點效應、損失厭惡、樂觀偏見、月暈效應等因為「直覺」以及「捷思效應」而搞錯的事情。在拉慢速度並讓理性開展下，我們會發現那些日常以為正確的選項，其實大有可議之處。

事實上，因為「捷思」與「直覺」造成的選擇錯誤，並不

單單只在點咖啡或是商品挑選上才會發生，其實在很多人生層面都妨礙著我們的成功。

感情就是這麼一個狀況。這件事恐怕是我們一生中最重要的幾個課題之一，但我們卻從來沒有機會能正式學到任何相關的知識。真要說有什麼「知識」，來源也僅是透過偶像劇、電影、小說以及同儕間的口耳相傳，以至於我們總是直覺地做些「以為能讓異性喜悅」的舉動，卻在最後發現那些舉動似乎對於獲得愛情並無幫助。

我們其中有些人運氣好或有天分，慢慢地找出愛情遊戲的訣竅；但更多的人，持續用著系統一的直覺反應在愛情遊戲中撞得頭破血流。用盡了自以為是的用心與認真，可是換來的僅是異性的反彈與躲避。更慘的是，很多人是越努力，回報反而越稀少。辛苦半天卻只是讓自己傷痕累累，只得到異性為難地回應：「你真的很好，只是我們不適合。」

我得說，愛情也好、兩性的互動也好，如果我們冷靜理性地用系統二的方式來觀察、整理、歸納與思考，其實會找出很多可以被統合並原則化的東西。男人也好、女人也好，雖然每一個體在思考上有所差異，但同一性別的人，在相同文化背景下長大，對愛情及穩定關係的需求其實是有共通性的。

若我們能從根源瞭解異性要什麼、給予正確的東西，避開那些直覺以為對，但其實是錯誤的追求手法，其實愛情不會再這麼苦澀！只要「理解規則」加上「方法正確」，我們每個人絕對都能找到一個認可彼此的對象，建構強韌的伴侶關係。

## 要成功，必須瞭解愛情的遊戲策略

我自己在二十五歲之前，也是一個老拿好人卡的宅男，後來靠著越敗越戰終於久病成良醫地摸索出不同的遊戲規則。最近這幾年，才終於慢慢地能把這些經驗歸納成系統性的知識。

能把這一切整理出來，可能得歸功於我最近十年的工作經驗。我現在是一個商業顧問，平常的工作是在企業中觀察人、理解人，並根據人性設計組織中的管理規則。也因為

顧問經歷與對人性的理解，才得以有能力把自己對遊戲的瞭解轉成文字，以邏輯清楚且結構明確的架構說明給別人理解。

順便一提，因為我的本業不是兩性專家，所以這本書並不會有「聆聽你內心的聲音」、「表現浪漫」、「有效傾聽」這類心靈、抽象或過度感性的東西。而會盡量以結構、邏輯、規則等方式說明。對於想與異性順利建構高品質伴侶關係的讀者而言，有了能遵循的原則與執行細則，可能比空談心靈更實用吧！

但在繼續閱讀前，這兩點請特別注意：

**1. 閱讀是起點，下場體驗是重點**

撰寫本書對我而言，更像是一個拋磚引玉的過程。我把自己截至目前所理解的愛情規則分享出來，讓大家有個立足的基礎。但更細微的狀況，甚至針對不同異性的細微調整，可能還是得仰賴大家自我去發掘。

愛情就如同管理一樣，是社會科學的範疇。社會科學不像物理與數學，是無法透過公式來統一面對所有狀況。社會科學能學的往往僅是原則性的概念，當面對實際情境下，常常會有很多變形以及調整，這些都得仰賴當事人臨場處理，所以瞭解規則不表示你已經勝利了。

這就好像是買到了遊戲的攻略本，但過關所仰賴的正確操作還是需要個人的臨場反應以及反覆磨練。好處在於，有攻略本在手上，你知道後面可能會發生什麼事情——你知道哪些路徑肯定不通、不用嘗試——你也知道過程中該關注哪些徵兆以及指標。這些知識或許還不能帶來確定的勝利，但你會更容易過關！

## 2. 學習策略不是操弄愛情

有人或許有疑問，愛情若帶入了理性與策略，會不會變成對他者的操控？

愛情其實對每個人而言，都是一種瘋狂的情緒。進入愛情的男女，總是容易走極端、容易受到情緒起伏的影響而做出錯誤的動作。因為焦慮與忐忑，而走入見樹不見林的狀況；更容易因為不夠客觀，而任由系統一來主導我們的行為。

若我們能適當地加入理性、適當地退後一步學會客觀，幫我們注入了對異性的理解，就能讓我們抽離激動、減少瘋狂，並進而變成一個體貼與大度的伴侶！換言之，這些知識，與其說是策略，不如說更是一種「看懂大局的思考方式」。

瞭解異性的思考模型，我們才能真正的從異性的角度思考；也才能提供對方價值，並進而達成我們的目標。你將能在不造成別人困擾、也不傷害別人的狀況下，引領彼此走入和諧的長期伴侶關係！

## 旅程即將開始，但在此之前……

這本書的閱讀，將是我們提升人際關係的起點。雖然我前面提到，書中的知識僅是我至今瞎子摸象對愛情與異性的部分理解。但瞭解我摸出的部分、以我的理解作為支點，你也能靠自己的力量更理解大象的樣貌。

在華人世界長大的我們，面對愛情的挫折感恐怕是個不分男女的議題。在最應該要開始瞭解異性思維的青春期，被父母還有老師諄諄告誡不要接近異性、不准談戀愛，要好好把心力放在讀書與考試。我成長的年代，甚至男女還是分班分校的。長輩總是說：「等將來長大了，有了成就，你們自然就會有愛情了！」

於是很多人在學生時代心無旁騖的讀書與考試，錯過了「愛情試誤」的機會。等到長大後，才發現異性並不能忍受身體長大但戀愛智商只有小學程度的自己。這是很讓人震撼、也很讓人挫折的過程。

但我們千萬不能被挫折感打倒！戀愛跟學外語或是煮菜一樣，本來就不是人們自然具備的能力，所以學習並不是丟臉的事。找到合適的伴侶本來就是人生重要的大事，也因此這部分的知識養成至關重要！就算現在還沒有碰到喜歡的人，把自己先準備好，哪一天愛慕對象出現時，你有能力正確出牌、優雅地接近、在對方心裡保持好感，愛情自然就容易順遂！

不過，瞭解書中的規則、異性心理、並讓自己從此開始用「系統二」思考都還只是第一步。接下來，你要開始嘗

試培養自己更多的周邊能力：提昇自己的內在價值、培養人際互動能力、提升溝通技能、學習系統思考、並訓練自己更多從他者觀點看事物的體貼力。

這些能平穩提升，你會成為一個好「情人」。事實上，若能周全的掌握這些知識，你甚至會成為一個「更好的人」。如此，這本書不但會提升你的戀愛勝率，對於工作與其他人際互動的關係改善都能有所助益。

避免拿到好人卡的探索過程，也是學習蛻變為成熟大人的過程。 讓我們一起開啟這段成長的旅程吧～！

張國洋（老僑）2015 / 02

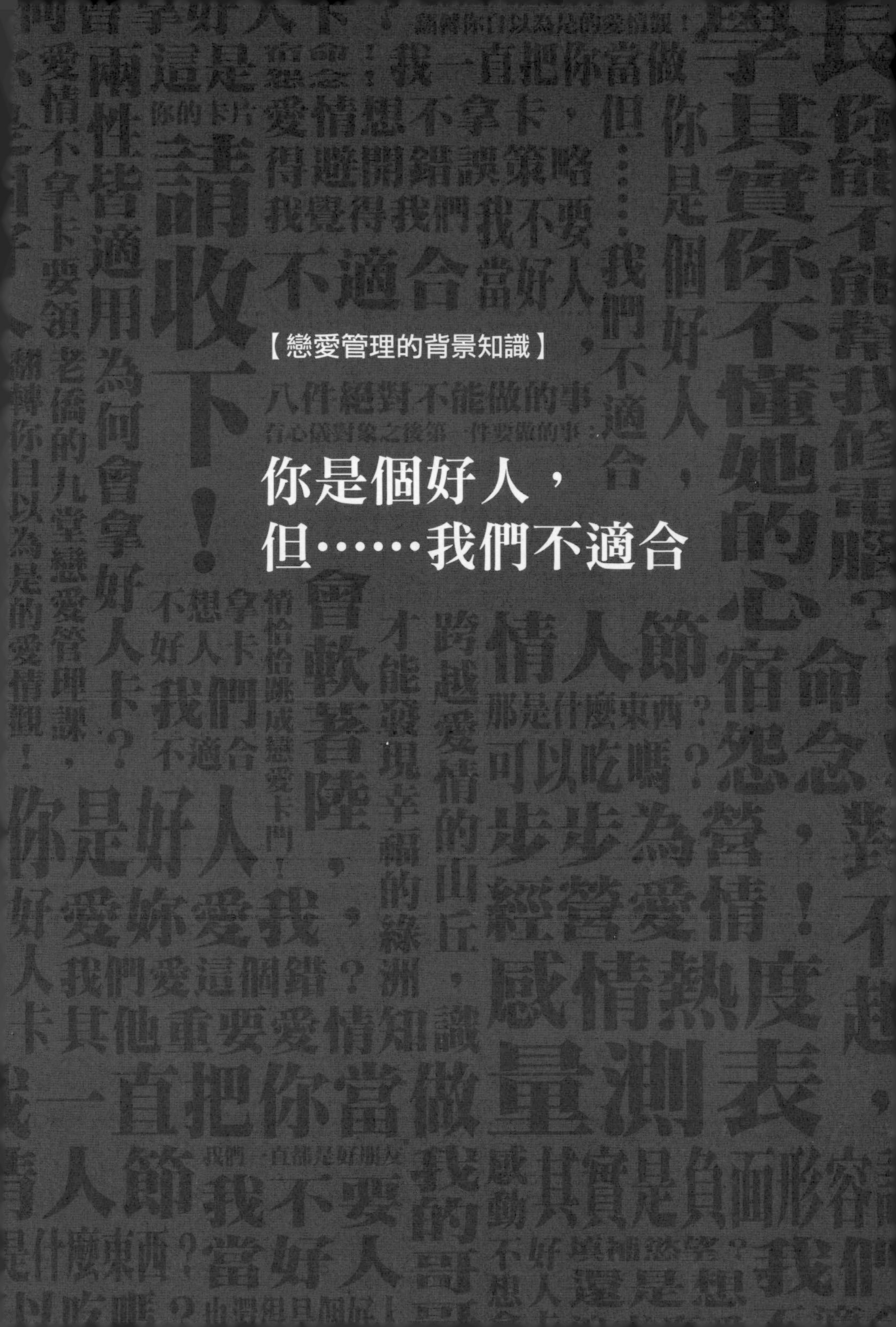

【戀愛管理的背景知識】

# 你是個好人，但……我們不適合

翻轉你自以為是的愛情觀！
我一直把你當做
愛情想不拿卡，
得避開錯誤策略
我覺得我們
我不要
不適合
當好人，
戀愛要成功，
八件絕對不能做的事
有心儀對象之後第一件要做的事：
丈量「心的距離」
為愛往前飛，
心慌亂我給你慰藉
情人節
那是什麼東西？
可以吃嗎？
步步為營
經營愛情
感情熱度
量測表
這是你的卡片
請收下！
兩性皆適用
為何會拿好人卡？
不想拿好人卡
我們不適合
你是好人
好愛妳愛我
我們愛這個錯？
其他重要愛情知識
我一直把你當做
情人節
那是什麼東西？
我不要當好人
學會軟著陸，
跨越愛情的山丘，
才能發現幸福的綠洲
別把愛情恰恰跳成戀愛卡門！
其實你不懂她的心，
宿命怨念，
你是個好人，
但……我們不適合
愛情不拿卡要領
老師的九堂戀愛管理課，
翻轉你自以為是的愛情觀！
感動其實是負面形容
我還是想

狄更斯在《雙城記》的一開頭寫道：「這是最好的時代，也是最壞的時代。」若論男人在現今所面對的戀愛狀態，完全可以用這兩句話來形容。

對大部分的男人而言，這是一個前所未見最自由的時代。這時代的男人可以追求他喜歡的女孩，不用擔心身分門第的阻礙，也不用顧慮哪天她會被王公貴族或地方員外搶走。

此外隨著教育普及，這時代的女人都受過高等教育、知書達禮，她們在心靈豐富、文化涵養以及生存技能上，都是史無前例的高。她們不需要仰賴男人，能靠自己獨立自主闖出一片天。她們不受禮教與規則的束縛，可以自由打扮、更可以追逐夢想、成為任何她們想成為的人。也因此對男人而言，任何夢想中的完美女性，都可能在這時代碰到。

簡而言之，這是一個所有女性都最進步也最吸引人的時代，也是男性可以最自由選擇、有史以來最好的時代！就好似你是一隻獅子，在滿滿都是羚羊的大草原上。試想，這是多美妙的一件事？

講起來美好，但遺憾之處在於，大部分的男人並沒有受過任何追捕羚羊的訓練。女孩子的條件雖然是前所未有得好，但她們接收到的知識與訊息也是史無前例得多。她們比上個時代的女性更知道自己要什麼、對於男人也有非常清楚地期待、她們更擁有史上最自由挑選的權力。

如果一個男生接近的方式不夠吸引人，很可能不斷地被女性拒絕。最後只能眼睜睜地看著到處都是羚羊，自己卻始終無功而返。換言之，選擇雖然是史無前例的多，但挫折感搞不好也是前所未見的高。所以對男人而言，這也是一個最壞的時代！

在這個時代男人必須仰賴全面的努力、以及徹底的自我成長，才有機會獲取女性的青睞。這是過往整個人類歷史中，男人從來不曾需要面對的問題。在古代，男人可以追求女性，但也可以不追求。木訥駑鈍的男人只要好好把自己的工作做好，就算寡言無趣，也會有媒婆來說媒。不用先見面、不用追求、不用聊天、不用培養感情，也能找到對象、共結連理。

但在現在這個自由鼎盛的時代，女性期待男人溫柔解語、關懷體貼，兩人在結婚前能有段戀愛的過程。也因此，男人如果沒有好好地瞭解女人的想法，尤其若不能瞭解她們在兩性相處中想要什麼、不要什麼，冒失地趨前表態，最後就很可能以收到「好人卡」收場。

# 好人卡是什麼？

「好人卡」這名詞是在九〇年代所興起的一種次文化用語。主要在於太多男生被女生以「你是個好人，我配不上你，你應該可以找到更好的女生」而拒絕，所以在網路興起後，這議題被很多苦惱的年輕男性廣為討論。「對異性異常付出心力」的男性，被稱為「好人」。女性以此方式作為委婉拒絕對方的方式，則被稱為「發卡」。至於被拒絕的男人，則被稱為領到「好人卡」。

可是，為何會收到「好人卡」呢？

這在男人的圈子裡，倒是有很多不同的見解。有一派男生非常的悲觀，他們認為之所以被拒絕，其中關鍵理由在於長得不夠帥，或是家裡不夠有錢。網路世界有這麼一句廣為流傳的迷思：「有錢帥十倍。」所以有群男人很相信，「我被拒絕並不是因為我是好人，而是因為我不夠帥、不夠有錢。」

但是，事實並非如此。男人絕不該如此悲觀！

# 到底為何會拿到好人卡？

以我的認知而言，收到好人卡跟長相以及身價，其實沒有絕對的連動關係。我不否認有錢、長得帥在戀愛市場上會較有優勢，金城武的勝率當然是比一般人高、有法拉利確實異性可能會更關注你。可是，外表與身價卻不是唯一的成功條件。**戀愛勝利，就像在社會成功一樣，重點更在於理解遊戲規則，順勢而為。**

絕大部分人都在以下三件事上搞錯了重點：

一，**市場認知與定位**：不清楚女人要什麼，也不清楚自己的等級。越級打怪，當然難有好結果。

二，**出牌策略**：不瞭解男女追求互動其實是有合適的規則。男人若沒有巧妙的出牌，很可能一出手就被看破，或是被女人封死。

三，**缺乏自我調整機制**：男生總是以自以為浪漫的方法接近女生。女生逃開後，自己又不知道要調整。一套

招式用到老，當然是輸多贏少。

以上三點男人之所以會搞錯，大多起源於系統一的錯誤直覺認知、搞不清楚自己在女人眼裡的知覺價值、缺乏練習，或是沒人教導正確的遊戲規則，造成男人不斷地做出錯誤的行動。

# 但，這些方法錯在哪裡？

大部分男人以為對的事情、很多人云亦云的追求法、問話法、接近方法，其實剛好開啟了女性的「防衛機制」。有趣的是，這些防衛機制，有時候連女性自己都沒有明確的意識。

本書部分內容最早在 2012 年於部落格連載時，一些女性讀者看完也留言：「這就是我發卡的想法，只是老僑更清楚地把整個思維講出來了！」換言之，很多女性潛意識的想法，是連當事人都沒意識到的。

接下來，我打算詳細解釋女性在面對男人的心理反應。大家看過我整理的內容，恐怕會發現愛情世界運作的真相其實跟表面大不相同。男人自以為浪漫貼心、讓人印象深刻的行為，很多根本是不正確的方法。這些不正確的方法，往往會帶給女生三個讓她想逃離這段關係的要素：

- **讓女人有壓力**
- **讓女人不自在**
- **讓女人沒有建立長期關係的牽絆**

這三個要素我們會慢慢在後面的章節中細談。但是我在這裡要先強調的是，一段關係能長期維持，最重要的並不是你多高多帥、也不是你砸了多少錢、多用心多體貼多浪漫，而在於你有沒有適度的控制上面三個要素。你若讓女人跟你相處感覺沒壓力、自在、對你好奇、對你安心、對你仰望，而且對這段關係投入心力，這段關係就有可能長期維繫下去。若這些要素不存在，無論你的條件多好、無論你對她多好，最終都可能以拿到「好人卡」收場。

或許對於讀者而言有點難以置信，但這才是整個愛情遊戲的關鍵。若你想少收好人卡，你該好好瞭解女性到底想在愛情中得到什麼、瞭解愛情的遊戲規則、並配合調整你的策略。這將是能讓你明顯感覺到愛情變化的關鍵！

【戀愛管理第一堂】

# 戀愛要成功，<br>八件絕對不能做的事

我一直把你當做

愛情總不拿卡，

學其實你不懂她的心

你是個好人，我們不適合

請收下！

兩性皆適用

為何會拿好人卡？

不適合

戀愛要成功，

八件絕對不能做的事

「心的距離」

為愛往前飛

學會軟著陸，

情人節

那是什麼東西？

可以吃嗎？

步步為營

經營愛情！

感情熱度量測表

你是好人

愛妳愛我，

我們愛這個錯？

其他重要愛情知識

一直把你當做

情人節

我不要

當好人

是什麼東西？

可以吃嗎？

在我們談女性心理以及戀愛模型這些複雜的議題之前，我想先談談一般男生常犯的幾大錯誤。這些錯誤很多人犯得可說是不知不覺，甚至還自以為是在做浪漫貼心的事。但很遺憾的，這裡每一項都是關係的殺手。我建議你從今天起就避開這八項錯誤。對於你的愛情順利度，肯定有所幫助！

## 除了 Know-How 也要瞭解 Know-When!

如前面提到的，男人之所以最後會拿到好人卡，最主要的原因就在於我們不太瞭解女人要什麼，只是用自以為是的方式表達愛意。但偏偏這些男人以為貼心與浪漫的舉動，在女性眼裡其實完全不是這麼一回事。**甚至因為太急或太笨，而讓「只要順其自然，或許有可能」的機會，在一瞬間崩盤。**

當然，下面這些行為也並不是完全不能做，只是「時間點」還有「兩人距離」是很重要的因素。對方若對你好感度很高，做了不至於傷害兩人的關係。可是若在「關係初期」、

女孩子根本還不認識你、或是缺乏好感度時做這些事，這些行為幾乎都是弊大於利！所以，在理解任何理論與模型之前，請避免做出下面這些行為。就算我們不能一下子在心儀的對象面前大加分，至少也不要做出扣分的動作。

## 錯誤一：把偶像劇情節認真了

記得我年輕的時候，有部日劇叫做《101 次求婚》（101 回目のプロポーズ），當年是武田鐵矢飾演男主角。他在劇中演一個相親九十九次都被拒絕的笨拙男人，在第一百次相親時認識了女主角並熱烈地愛上了她。為了追求女主角，他做了很多女生在「看電視時」會覺得「好浪漫喔」的事情。笨拙的告白、鍥而不捨的堅持、為愛犧牲這類都還只是基本款。更讓許多女性觀眾感動到唏哩嘩啦、大幅衝高收視率的是，他為了表現自己一往情深，當著女主角面前衝到馬路上發誓，站在疾駛的卡車前大喊：「我愛你，所以我不會死！」（僕は死にません！あなたが好きだから！）

現在看我這樣描寫起來似乎有些好笑，但是當時劇中武田的角色大概就像韓劇《來自星星的你》中的李輝京，是個人人稱頌、個個羨慕的「好男人」。每個女生都會跟你說，「男人若能像他一樣，深情款款、有情有義那樣對我就好了」。

根據我手上取得的歷史資料，這部日劇最後大結局，在日本關東地區的收視率曾高達 36.7%。以這幾年最受歡迎的兩部日劇來看，《家政婦女王》最終話達到 42.8%；《半澤直樹》最終話則在 42.2%。當年《101 次求婚》受歡迎的程度可見一斑。

可是呢，你若認真了，想說「連武田鐵矢那樣的醜男都能靠這些技巧抱得美人歸，那我也來試試看」。真把這些技巧拿到現實中套用，恐怕將大失所望。

雖然女生會被那些浪漫的電視情節感動，但這些事情若發生在現實，可就完全不是這麼一回事了。

學校從來沒教我們如何跟異性相處的知識，所以大部分人

多半透過偶像劇學習追女生的方法。可是我得提醒大家，偶像劇的情節你絕不能認真。因為偶像劇本來就只是一種為了「療癒」而存在的商品。它讓男女雙方都從劇中虛構的角色身上看到一絲希望，沒男朋友的女生看完之後會產生一種，這世界上一定會有這樣一個為我犧牲奉獻、不管我怎麼傷害他，都深愛我的男人；沒有女朋友的男生則從劇中「精誠所至、金石為開」醜男也能抱得美人歸的劇情中得到安慰。雖然自己在現實中總是得到負面結果，但看到劇中人用此手法得到幸福時，也會因為移情而感到安慰。換言之，透過把自身的情感與願望投射在主角身上，觀眾將可透過那些角色的幸福結局來獲得某種填補。

偶像劇讓觀眾各取所需，各自安慰，也因此其中情節不免有些誇大，也常常超出現實的可能性。所以這些觀眾覺得很感動的手法，若在現實世界實際發生，狀況往往就很可笑了。你身邊若真有人跑到馬路中間對著正面急行而來的卡車大喊大叫，恐怕你覺得感動的成分小，覺得驚駭或是苦笑的機率更大些。在電視上看到那些躲在女生公寓前痴等一晚只為了幫她慶生的男人，會讓女人覺得心疼；可是你若認真了，哪天真躲在不熟的女人公寓前面想給她驚喜，女生夜歸看到可是會嚇破膽的！對方很可能覺得我們是痴漢，絕不會因此加分！

所以第一件不該做的事情是，追女生別學偶像劇。不管你想模仿的是星野達郎、李大仁、溫實初、李輝京，還是方韋德都一樣！ Don't do that ！

## 錯誤二：任何形式的告白

大家或許同意，為了求愛衝出去站在疾駛的卡車前大喊大叫很駭人，但恐怕還是有不少讀者堅信，至少偶像劇都會強調：男人若以認真的態度，單刀直入地告訴對方有多喜歡她，或提出「以結婚為前提交往」，女生多少會感動吧？

我得很遺憾地告訴你，這是錯的，真實世界也剛好不是這麼一回事。告白這件事情其實是男人另一個應該極力避免的事情。因為你在不對的時機點告白，你就把自己放在一

個被動的位置，並提高戀愛失敗率。甚至推得極端一些：「你如果想脫離好人卡的日子，你就『絕對、千萬、一定不要告白』。」（因為很重要，所以說三次）

不要告白？這是怎麼一回事？「如果不告白那要怎麼追女生呢？」在我們探討告白策略的錯誤點之前，先回顧一下男生告白前的心情。

這種心情我最清楚了，我在國高中時期可是經歷了很多次。一開始的心情可能都是先從「暗戀」開始。比方說，覺得班上的某個女同學很吸引自己。覺得她好美、好可愛，隨時都會偷瞄她。看她跟其他人聊天嬉鬧、看她唸課文、看她吃便當、看她看窗外沉思……越是偷偷觀察，越覺得她的一舉一動都讓人著迷。她高興的時候自己跟著開心；她若是低潮、被老師罵了，自己也跟著憤恨不平。

這種偷偷觀察的時間因人而異。有人或許數天內就告白、也有人可能兩三個月後才敢採取行動。當然，更有人直到畢業可能都不敢表示。無論如何，只要小男生忍耐不下去，就必然會試著想做些什麼。

可是國高中時期的小男生，大部分都好強又害羞。所以能採取的方法大概不外乎就兩三種。一種是偷偷講給好朋友聽，然後沒幾天傳得全班都知道（這很笨）。一種是故意欺負她或是故意裝作不屑、裝酷，想說女生或許會因此注意到自己（這也笨）。最後一種嘛，就是大膽直接地跑去問她：「可以當我女朋友嗎？」害羞點的則可能是把思慕的心情透過長長的情書來告白，想說這樣大家可以不這麼尷尬。（可惜，這也沒好到哪去。）

我自己從小在戀愛方面就既笨又矬，所以這三種我都做過。尤其是當面告白或寫情書，我還做過好幾次。每次都是情書好不容易塗塗改改寫了半天，可是寫好了又不敢拿給對方，在那裡緊張害怕了半天，或是下課放學回家的路上跟在她後面轉啊繞的，始終不敢上前。最後思索好久，好不容易下定決心，才找個沒人的空檔迅速接近，並漲紅著臉把情書遞了出去。

根據我做這類事情的經驗，送情書從來沒有好下場。從來沒有像電視劇或是漫畫，對方低頭垂目、害羞臉紅、含情脈脈的點頭收下，並答應跟我交往。

當年不懂，總覺得憤憤不平，想說自己要是長得再帥一點就好了。後來年長了，在愛情這方面稍微有些經驗才理解，怪自己長相是不對的，反而是策略錯誤的問題。因為告白本身是錯誤的策略，根本是多餘的。做這種舉動，除了把自己暴露在一個相對不利的位置，完全沒有絲毫的好處。

## 告白的決策樹分析

當然，光這樣講要大家認同可能有困難，所以，我用決策樹的角度來解釋不同分支的機率狀況。我們先界定出告白的兩大狀況。一個是你根本跟對方不熟，一下子冒出來跟對方表白；另一個是你們雖然認識，可是之前對方絲毫不知道你對她有興趣。這兩種狀況不太一樣，但我們可以分別計算一下期望值＊。

---

＊期望值：指當你重複執行特定的行為，你的長期回報率。

## 情境一：陌生人的告白

首先先談兩人根本不認識的告白會有那些可能的分支。

當兩人不認識時，雖然你觀察女生很久，可是極有可能對方根本對你毫無印象。比方說早餐店的店員、一起搭同班公車的同學、隔壁部門的同事、同棟大樓別家公司的職員。就算是同班同學或是同事，對方也可能根本沒注意過你，那這種也算是陌生告白。

這種情況下，直接跑去要求對方跟我交往，絕對是敗筆。你因為偷偷摸摸觀察了很久，覺得對方非常適合，並因這份相思之情而焦慮萬分。可是對方既然對你毫無印象，怎敢突然答應要跟你「交往」呢？

別說女人不敢了，試想若哪天突然冒出一個根本沒印象的女人跑來跟你說，「請以結婚為前提跟我交往吧！」可不是嚇都嚇死了嗎？就算對方是大美女，恐怕也會懷疑是詐騙，哪敢隨便答應對方？為了安全與自保起見，大部分人

很難點頭同意吧？既然你會這樣覺得，女生當然更是如此！

唯一的例外是你們雖然根本沒交談過，但她剛好也偷偷地喜歡你很久，這種一下梭哈的出牌法才會兩人一拍即合。否則站在她的立場，實在沒什麼理由答應；結果幾乎可以預見，直接拒絕是唯一的結論。

若我們把情境畫成判斷分支路線，大概會有 Yes 以及 No 兩條路徑。Yes 這條路徑代表對方答應。因為有所獲益，所以我給一個相對權重分數 1 點。而 No 則代表被拒絕，我給一個相對權重點 -1 點。

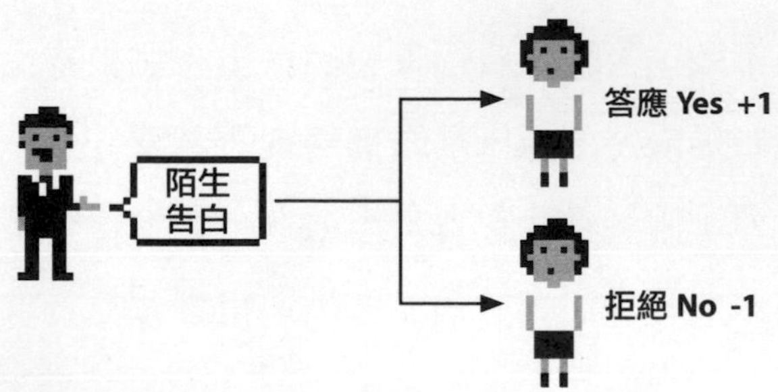

為什麼拒絕是負的點數呢？這是因為被拒絕可不單單只是被拒絕這麼簡單，而會在兩人後續關係上帶來嚴重的負面影響。她雖然因此認識你了，但你的開局法卻對後續的接近與追求增加了大量的阻力。

也可能有人會覺得被拒絕應該是零分而非負分。會認為是零分，也就是覺得沒任何損失，表示持這樣觀點的人一開始告白的動機，恐怕並非打算建立長期關係。唯有一開始是抱持搭訕看看的心情，才會覺得就算被拒絕也毫無損失。否則女方開始躲你或是避免跟你說話，其實對於真心喜歡對方的人而言，是很嚴重的問題！

**期望值的計算方式：1 * 成功機率 +（-1 * 失敗機率）**

公式的「成功機率」要怎麼評估呢？這當然沒有什麼客觀的算法，但你可以主觀推估一下。簡單地說既然陌生告白是針對完全不認識你的女人，那她能立刻判斷的，也僅是眼睛能看到的部分。所以陌生告白的答應機率恐怕會跟你的長相，還有其他外在吸引力成正相關。不過，這年代我

們對陌生人的防備心都很高，除非外在條件極優，不然對大部分人而言恐怕機率都很低……

以我來說，我並非大帥哥，又不善於言詞，如果再加上對方面對陌生告白時的防禦心，這樣陌生告白一百次很可能被拒絕九十九次。所以我會拿到：1＊1%＋（-1＊99%）＝-0.98 分。這個數字表示，對我而言，陌生告白的長期價值是負的。從我自己的經驗也確實得到類似的佐證。

這不是很笨嗎？你很喜歡對方、也想認識對方，但好不容易鼓起勇氣做的事情，結果卻是逼對方一定得拒絕你。

**情境二：認識者的告白**

當然我也承認，這年頭還會很純情地跑去跟陌生女人告白、請求交往的人應該很少了。就合理性而言，現在這個時代大部分男生實際會做的大都在情境二，也就是對「認識者告白」。

但對認識者的告白又何錯之有呢？

這就得從心理學的角度探討了。大家普遍對於做「正式承諾」這件事情，會抱持特別警戒感。**因為人類不願意讓自己在心理上去面對前後不一的矛盾，一旦需要做出正式承諾，我們就會考量未來違背誓言的可能性。**

告白是一種正式的提問，你要求對方把所有模糊不清的部分都透過一個 Yes 或 No 的答案選邊站，所有灰色地帶都不允許存在，得做出一份明確的承諾。而這也就是告白危險的原因。

原本對方可能覺得你很有趣，願意跟你一對一出去走走。或覺得跟你聊天很愉快，不排斥多認識你一些。一旦你要她馬上承諾一個「非黑即白」的答案時，她可能就得考慮很多。

大部分女生其實不想利用你，通常也不希望傷害你或是耽誤你，所以只要她盤算覺得「還不夠喜歡你」，通常就不會做出交往的承諾。**注意喔，還不夠喜歡你未必是不喜歡，只是還沒到達另一個階段。**這時候，碰到對你還處在

心情灰色地帶的女生，她只好告訴你：「你很好，但我們不能先當好朋友嗎？」

沒經驗的人這時候一定就慌了。想說，「好朋友？這是什麼意思？之前我們的關係不是好朋友嗎？現在怎麼還是好朋友？那到底何時才可以不是好朋友？」一旦你讓對方這樣說出口之後，也就給對方轉圜的「藉口」。之後你有任何難以處理的行動、表態或疑問，她就可以光明正大地回應你：「不是答應先當好朋友的嗎？」

你看，告白不但讓追求這件事情毫無進展，反而把自己推到一個非常不利的境地，讓整個關係敵暗我明了起來。你或許是明白地揭露了自己的心理，可是對方到底怎麼想，你卻一點都掌握不了。這就像是賣家直接講出成本價，然後乞求別人還會出高價購買一樣。根本只是把整個發球權完全讓給對手了。

再來，經驗不足的男生會開始好奇：「我到底什麼時候才能轉換身分，換到線的另一端啊？」何時她才會明白告訴我：「從今天開始你不是朋友，是男朋友了？」

當然，女生是永遠不會跟你說這種事情。所以沒經驗的男生在一段時間後，又會忍不住再告白一次。這樣的情形幾乎可以預見，很高的機率女生會再次要求兩人先留在朋友階段。於是男生越來越有挫折感。而更糟糕的是，女生對你的興趣、好奇心，會隨著你告白次數越多，越是每況愈下。

這是為什麼呢？因為你不斷地提問與質疑，會讓她越來越覺得麻煩。女人心裡會想：「你怎麼就不能慢慢來？」也越來越覺得不知道該拿你怎麼辦……女生為難的同時，男人反而變得更積極。越是被拒絕，男人越是會做一些愚蠢的事情。想說告白不成，那就默默守護吧：買早餐送消夜加小禮物、寫小詩填歌詞開車接送，看看能否打動佳人的心。嘴裡故意嚷嚷我只是想在旁邊守護妳就好，但心裡其實急著想轉換身分。兩人關係往往越來越不堪。

女生一開始通常還會心軟，結果解釋個一兩次之後，你都強調「別擔心，我做的都是朋友的表現喔」。那好，你就

更把自己送入一個無可翻身的位置。本來她還同情你，接下來只會覺得你很煩又笨。在道義上，女生覺得「我可都好好地跟你解釋過了喔，都說只把你當朋友。你還要持續送我這個送我那個，那就是你自己的問題了，可怨不了我。」

一旦女生把你定位在這種模式，你就幾乎輸不會贏了。她在心理上很可能再也不把你當一回事，而道義上你又幫她把問題都排解掉。原本對你稍有的好感，也在不斷要求她表態的過程中消失殆盡。除非你有什麼新奇的壓箱寶能展露出來，不然最後一定是永遠的好朋友。

這個狀況畫成分支，會有三條分支。分別是：答應你（YES）、拒絕你（NO），以及我們「先當好朋友」（Just friend）。

我會給予的相對分數是，YES 為 1、先當好朋友為 -0.1、拒絕為 -1。特別要說明的是，「先當好朋友」這條分支乍看雖然等於沒有進展（好似沒有損失），但依照上面描

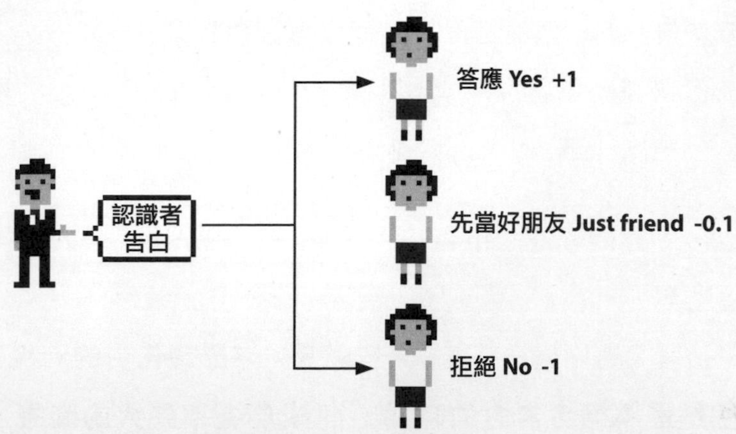


述，你會發現對追求是有所傷害的，所以我認定的分數為 -0.1 分。

如剛剛提到，三條路徑中，除非她很確定喜歡你，不然答案通常會落在下面兩條路徑上。換言之，計算出來很可能落在 0 到 -1 的區間中，所以你的期望值很可能是接近零的負分。

舉例而言，答應機率為 10%、先當好朋友機率 80%、直接拒絕 10%。總期望值就是：

1 * 10% +（- 0.1 * 80%）+（- 1 * 10%）= - 0.008

若要讓告白的期望值是正的，有沒有機會呢？

有，但只在一個狀況下成立：你對於得到 YES 有很高的把握。

所以，「等機率最大再告白，不就好了嗎？」，有人可能會這麼想。

可是這就又帶出另一個議題。**也就是：你最想告白的時機，往往是最不適合告白的時間；而成功機率最大的時機，通常你也不用告白了。**

為什麼最想告白的時間，都是最不適合告白呢？因為大部分人會忍不住想告白的時機，剛好處在一個最焦慮、最不清楚對方態度的時候。男生會告白，背後很大的一個成因，通常在於我們很害怕。我們在當下覺得極度沒有安全感、覺得缺乏自信，覺得兩人互動下好像有點「那個」的味道，可是又不確定。所以賭一把，告訴對方我喜歡你，請你「明確地」答應跟我交往，讓我安心吧。

你看，這不就是完全掉入陷阱的一個情境？

當你對關係不安心的時候，告白自然就沒有必勝的把握。沒有必勝的把握，這時候被分類到圖中間與下面兩條分支的機率是最高的。這時候的期望值就一定不會是正的。

可是期望值不是正的，不表示你會輸。因為她很可能還在評選。你雖然不是第一名，但也未必落選。可是突然要求一切得「非黑即白」；非要她在「答應交往」與「拒絕你」做選擇，對方就只好試圖模糊以對了（也就是，「我們先當好朋友吧」這個答案了）。換言之，你最忍不住想告白的時候，剛好是最需要沉住氣的時候。一定得忍受痛苦，絕對不能做任何告白。

無論如何請記得這句話：**戀愛勝利的關鍵不是定義身分，而是讓自己不犯致命的錯誤。讓自己先留在場中，好好的表演、好好讓她認識你的價值，直到超過她的門檻。**這期間，你不是靠語言來決定勝負，而是找尋明確、有意涵的「指標」。

我看過很多根本毫無意義的男女紛爭，完全是兩方對於字

面定義的差異。男生覺得妳既然都答應當我「女朋友」，那我應該可以如何如何；女生覺得男女朋友並不是你講得那麼一回事。或是女生覺得我都跟你講清楚兩人是「朋友」了，你怎麼還這樣那樣。

追求女生其實很像處理南亞海權爭議。非要講清楚的話，大家就會考量細節的定義與權利義務。但如果議題上保持模糊，反而彼此有很大的運作空間。請記得，你並不需要告白才能變成誰的男朋友。追求也不需要得到對方的允許，你只需要跟她持續維持一個正確的互動關係就好。原則上，你若方法正確、又不討人厭，女生通常不會排斥男人攻守有致的愛慕與接近。男人的追求不該逼對方表態，而應該是一種「在觀察環境中逐步調整力道並取得信任的過程」。

從這裡可以看出，告白百弊而無一利。除了把你放入一個進退失據的位置，不會有更好的情況。當然，除非你有90％以上的信心對方會想跟你在一起，那選擇告白就有意義了。可是話說回來，如果你都有90％的信心，幹嘛還要告白呢？

甚至更好的是，把告白的問題讓對方傷腦筋。哪天你聽到：「喂，你覺得我們到底是什麼關係？」或是「你真的喜歡我嗎？」其實問題不就解決了嗎？

## 錯誤三：問她「你有男朋友嗎」？

下一個很多男生犯的錯誤，在於一旦對女方感興趣，就會立刻試探：「妳有男朋友嗎？」一方面男生覺得這是一種暗示，另外也想知道「可不可以追對方」。這其實又是一個你不該問、也根本不需要知道的問題。

試想，若在你問完之後，她回答：「我有男朋友。」你不就沒戲唱了？你都知道她有男朋友了，還繼續追，可不就落人話柄？

可是不問的狀況又如何呢？
其實完全沒有影響！

你只管照著你的追求步調走。如果她對你興趣不大，自然會在察覺你的意圖之後告訴你她的交友狀況。如果她對你

興趣很大，則會在察覺你的意圖之後，開始思考是否該讓你知道這件事情。極端些的，甚至會在你知道她有男友之前，自己就先處理。所以你知不知道她的交友狀況，跟你追求成功與否，其實毫無關聯。既然如此，又何必問些笨問題讓自己綁手綁腳呢？

「可是，女生不都希望男生別搞曖昧？」

如果你把「不要告白」這樣的概念直接拿去問女生。女生大都會告訴你，「才不是這樣呢！我最不喜歡男生搞曖昧。」甚至很多女生還會告訴你：「是男人就直接把心意講出來，單刀直入的表態，不要扭扭捏捏。」

但請記得，這裡女生所謂的「不喜歡」，跟男女之愛無關。純粹只是「若人人都這樣，那老娘不是麻煩死了」這種怕麻煩的討厭。如果你直接告白，那她就容易根據你的客觀條件、還有過去處理類似經驗的方式定位，可以立刻把你框架在某個位置。這是人類判斷環境的一種做法，被稱為捷思法（Heuristic）。

她一旦把你跟過去的經驗歸類，並分出你該歸入的「層級」，之後就不用特別費心思考你的狀況。換言之，你有可能被歸類在「適合交往」，當然也很可能一開始就被歸類到「再也不用花心思」的分類中。這就是為什麼告白對男人很危險的原因。但對女生而言，能把你快速分類並讓後續別再煩惱你，絕對是好事。所以女生跟你說她討厭曖昧關係時，請千萬別誤會她的意思。

## 錯誤四：太早讓朋友知道

我在【附錄】提供一份量測你與對方關係的感情熱度測量表。我列出了大部分女性在不同階段的熱度反應。後續的內容中也將不斷地提及這份表格。在你與一個女人進入 70 分之前，請盡量不要把你的意圖告訴與你們生活圈有交集的「任何」一位朋友。

請注意「任何」這個詞。意思是說不管他們是壞朋友或是好朋友，是同性還是異性，跟你比較好還是跟她比較好，會幫你還是會害你、甚至是你的親戚也一樣，只要跟你們生活有交集（雙邊都認識），那就請誰都不要透露。

雖然好朋友會在知道之後，可能會想「盡一切的力量」幫你。但請相信我，他們的一舉一動通常是減分，很難是加分。也多半「幫倒忙居多」。

先談談「跟朋友講」背後的心情是什麼。

大部分人會選擇跟朋友講的起點都是因為「懦弱」。你覺得害怕、希望有人分攤這股心情；或是渴望支持、需要有人跟你說「你 OK 的」；或是希望多得一些情報：「她還沒有男朋友，你快去追吧。」在一堆人好說歹說之下，才像趙匡胤黃袍加身，以一副「是大家拜託、我才去追的」姿態出馬。講來雖然可笑，可是很多人透過這種方式取得「大家都說我可以的喔，萬一沒追到應該就沒人會笑我吧」的安心感。

首先請你瞭解：就算演了這麼一齣，沒追到大家還是會笑你，所以這份心思毫無意義。再者，這種為了驅離恐懼感，害怕自己丟面子的行為，最後可是會讓你付出很高的代價，因為朋友們的協助通常只會幫倒忙。我們先排除那些明知你對某女生有興趣，故意整你鬧你的壞朋友。大部分的朋友都是好人，他們知道你想追那個女生之後，會幫你觀察敵情，會幫你上火線打探情報，會有意無意創造你們獨處的機會，合適的活動會起鬨要你們一起去、製造機會後又會刻意避開。

聽起來很不錯是吧？

事實上這也是很多人會告訴朋友的另一個動機，認為可以獲取一些「盟友」來幫忙打贏這場仗。可是我得跟你講，這些盟友通常只會把女生推遠。無論他／她們是幫你打探消息、說你好話、故意創造獨處機會，這些行為幫不上太多忙。除了讓女方及早察覺（等於別人幫你告白）、讓她覺得困窘、甚至進而產生反感，很難有其他正面的效果。

為何朋友容易幫倒忙呢？舉例來說：有時候，朋友會在大家都在場的時候，試著幫你創造獨處的環境。「等等吃完飯，你們可以一起去做某事啊。」這時候氣氛會變得很詭異，一堆人點頭微笑心照不宣地看著你們。女生又不是笨蛋，很快就知道你們在幹嘛。她不會覺得高興，只會覺得為什麼「你」要做這種讓她不自在的事情？很可能因此產

生反感。（最冤枉的是，你根本沒要大家幫你創造獨處，可是女生卻認為一定是你害的。）

再一個例子。有時候，男生會刻意去接近女生身邊的閨蜜，想透過她們盡量收集情報，甚至希望她們幫忙講好話。這通常也是反效果居多。首先，大部分你的情報來源很容易說漏嘴。女生會奇怪於周圍朋友幹嘛突然問某些問題，朋友往往就會坦承：「喔，是那個○○○拜託我來問的。他好像很喜歡妳喔，嘻嘻⋯⋯」有些女生不會在意，可是也有女生是會覺得不舒服的。尤其本來就在躲你的，你的迂迴戰術只會讓她更不滿，想說這男人偷偷摸摸地透過別人來打探是怎麼回事？

女生甚至會火大跟你說：「你有什麼想法不自己跟我說？為什麼要透過第三者轉述？」笨一點的男生，聽到這句話還覺得自己有機會了，以為女生責怪怎麼自己不來告白。想說女生既然這麼明白的「鼓勵」，這時候不把心意說出來還待何時？居然在女生盛怒下，突兀地剖白了自己的心情。想也知道在這樣的時間點、做這種事情一定被「斬立決」。男生這時可能還莫名其妙：「妳叫我當面講給妳聽。講了妳又拒絕，這是在玩弄我的感情嗎？」

事實上，女生不是鼓勵你告白，其中的含意是不滿，是類似「你幹嘛到處說，搞得人人來問我。你跟我的事情，我們私下解決不好嗎？你亂講之後，人人都來撮合。我本來很喜歡隔壁部門的帥哥經理，你這樣一鬧他搞不好就不敢來追我了耶！喵的，我要是沒人要，看我不宰了你！」這樣的心情。

女生如果對你沒惡感，你只要不做怪異的事情，是有機會展現自己的心意（至於最後能拿幾分，是另一回事）。但如果女生一開始就不給你機會，態勢就很明顯了。你若繼續邀約或是施加壓力本來就不對了，弄到朋友皆知、期望讓他們來幫你，只是讓狀況更難看罷了。

再來另一個狀況。在朋友撮合的場合，大部分女生其實都是努力在裝傻。明明起鬨的人已經講到露骨到在場所有人都覺得有點難堪了，她還很天真地問：「為何只有我們兩人

去？大家一起來嘛，這樣才熱鬧啊！我喜歡跟大家一起。」這時候身邊可能有些「正義感重」的朋友，看你膽小不敢出擊，甚至會在這種節骨眼上幫你告白：「那個〇〇〇其實喜歡你啦。」或是看你追很久對方都沒有回應，還會幫你嗆聲：「那個〇〇〇喜歡妳很久耶，為什麼不給人家一個機會。」

你猜這樣的狀況會產生什麼效果？女生會因此羞愧萬分，恍然大悟下決定跟你交往？還是只會把女生搞得非常憤怒？之前人家一直裝傻，並不是她真的好傻好天真，只是顧慮到「大家的關係」，不希望把狀況弄到尷尬。談戀愛的一個原則是這樣的：**「所有你做的球別人都不接時，就是 NO 的意思。」**這時候就得自己想辦法下臺了。

只有你與她知道時，下臺很容易。可是很多人知道，就難保不會有這種「好朋友」看不過去幫你出頭，反而逼著她非要接球的狀況。她又羞且怒之下，只會把這些不滿轉到你頭上。你可能看了這本書決定要做「正確」的事情，可是你那些正義朋友未必懂得這些規則。搞不好你們私下兩人聊得愉快，也慢慢有進展，可是只要發生這種鳥事一次，基本上你就 GG 了。所以，為何要把你的想法說給朋友聽呢？學著自己消化忐忑不安的心情，是很重要的自我訓練。

附帶一提，別以為你的朋友會幫你保密。你告訴了朋友，大部分第二天就已經在你認識的朋友中傳開了。更多時候你周圍還有些壞朋友，他們沒事會來調侃你兩句，或去逗逗那女生。女生本身對你已經很有好感那也罷了；若她本來就覺得你普通，一旦讓她覺得「跟你說話就會被別人虧」，那她肯定避而不見。所以跟朋友說，很可能只是封死兩人的連結之路！

## 錯誤五：頻繁詢問「妳覺得我怎麼樣」，或質問兩人的關係

女生如果有意願跟你走近，不用「雙方協議」、也不會有一天她突然說：「從今天開始你是我的男朋友了。」兩人若慢慢走近，就算沒有這類「宣告」你也能察覺出來。（你若真的駑鈍，請透過【附錄】的「感情熱度測量表」自我

檢視）。

如果始終覺得對方忽冷忽熱、覺得對方沒有把你放在心上、覺得對方不夠重視你，這很簡單、不用多問，肯定是因為你還沒有通過她的門檻。男生千萬不要問下面這些問題：「還是不能接受我嗎？」

「妳對我還沒有戀愛的感覺嗎？」

「對妳來說我是什麼？」

「妳對我抱持什麼感覺？」

這類問題一來形同告白，逼著對方非要當下給出否定、讓你不開心的答案。二來，如果女生對你沒有戀愛的情緒，這個問題只是「對她施壓」，只會讓她反感。

更加深女生反感的是，有時候男生發作的次數很頻繁。每十天半個月就要問一下。女生就會開始覺得，我是招誰惹誰啊？我沒有非要你當我朋友、也沒要你追我。我只是不想得罪任何人，所以試著安撫你。可是沒幾天就要我花力氣安撫，有你這位「朋友」也未免太麻煩了吧。

如果這樣發作一下能為你帶來好處那也罷了，但實際上不管女生回應你什麼，對整件事情都沒有任何意義。有經驗的女生會講出冠冕堂皇的話，然後你也只能自己默默下臺。不願意自己下臺的，對方多半也就算了。反正有沒有你這個人當朋友，沒差。人家願意解釋已經很給你面子了。可是願意解釋讓你有臺階下，女生心底還是大大扣了分。本來可能還累積了一些好感，這類問題一問，好感度馬上就歸零了。所以可以的話，請不要問。

可是有人會說，「我還是想知道對方怎麼想我、看我這個人啊？」

如果只是為了這個目的，原則其實很簡單。如果你覺得還需要問、還搞不清楚她有沒有接受你，答案就是「對方還沒有把你當一回事」。千萬別像不甘願練琴的小朋友：「媽媽，我又多練二十分鐘，應該夠了吧？我可以吃點心了嗎？」媽媽或許會心軟，可是女生有自己的幸福要顧，她才不會這樣就答應跟你在一起……

## 錯誤六：「吃醋」或説出「那句話」

男女朋友的狀況下，你偶爾吃吃小醋，女生會覺得有趣、也覺得窩心。若根本就還沒交往，你就開始吃醋，那可就大錯特錯、也極度愚不可及。男生在開始一段追求之前，因為已經偷偷醞釀了很久，所以喜歡女生的情緒非常膨脹，每天也花太多時間在「想念」對方。平常沒什麼事情做，滿腦子都是對方的影子。

可是女生在這個階段，對你沒有什麼非要不可的感情。她有她正常的人生要過，她要工作、去上課、跟朋友出去玩、可能也有好多其他男生的約會。所以你傳的訊息、寫的留言、打的電話、送的 Email，可能平均要六至十二小時之後她才會處理。運氣不好時，她甚至根本沒看，或不覺得需要回應。

有些男生會覺得我們既然是「朋友關係」，妳就該以特定的態度對我。這是不對的！男生常常過度膨脹自己的重要性，發了簡訊，等了好久沒回。打了電話，轉語音信箱。發了 Line，卻是已讀不回。寄了小禮物，女生什麼反應都沒有。先是失望、然後焦急、再轉變成失望，最後氣惱。於是覺得應該跟女生「談一談」，抱怨沒有被「像朋友一般被對待」。女生試著溫和地解釋，男生有時候還擺譜，冷言冷語地說出：**「我覺得妳其實並不重視我。」**

**請大家千萬記得，「我覺得妳其實並不重視我」這句話是追求大忌，是千萬不能說的一句話。**

我已經不只一次聽過女生跟我抱怨，追她的男生居然講出這種莫名其妙的抱怨。你想想，她既然跟你沒有任何關係，自然也就沒有非要關心你的義務。在她對你沒有感覺的時候，你這大帽子一扣，女生原本的耐心將會「一次耗光」。別說你們還只是「普通朋友」，你想想跟最要好的朋友多久沒聯絡了？你會跟他抱怨「我覺得你其實並不重視我」嗎？既然你沒有跟你麻吉抱怨過，那跟還不把你當一回事的女生抱怨，不就顯得很愚蠢嗎？

更蠢的是，大部分男生說完這句話又慌忙道歉，明知自己

沒立場，又忍不住想要抱怨一下。這份心情我理解，其實只是男生覺得很辛苦的撒嬌方式罷了。可是女生對你沒感情，對你的撒嬌是無法有共鳴的。

總而言之，女生若喜歡你，覺得你有價值，怎麼樣都會往你靠攏。如果沒有靠攏，不管你們現在是什麼關係，她都不會花很多心思在你身上。這時候你還找對方談一談，說什麼「我覺得妳不尊重我」、「我覺得妳沒把我當朋友」、「我覺得妳沒考慮我的感受」、「我覺得妳其實並不重視我」，只會讓狀況更惡化。

## 錯誤七：說出「我只要能默默留在妳身邊就好了」

這句話其實透露出男方沒什麼戀愛經驗。所以一旦男人提出這句話，有戀愛經驗的女人，很可能就完全不把你當作一回事了。原因很簡單，在於會講這種話的人，完全搞不清楚自己的極限在哪裡。過度承諾了一個自己「根本不可能」做到的事情。當然，一開始男生都會很努力的「扮演」這樣的角色，可是心底暗自希望能靠這類苦情行動來「感動對方」，以求女方最後因此愛上自己。

可是我得認真地跟你講，這個想像是不可能發生的。對你而言，你只會不斷覺得不平衡、不斷地受苦、不斷地自我壓抑、不斷地勉強下去。你的忍耐力能有多長我不知道，只要你忍不住，就可能冒出先前提及的錯誤六：開始「吃醋」或衝動說出「我覺得妳其實並不重視我」。當這樣的抱怨爆發，不管先前自以為犧牲得多慘烈，你的實際價值立刻是負的。

大部分女生其實都不想欺騙男生的感情，如果確定跟你沒辦法多半會盡早讓你知道。你不願意下臺，勉強留在那裡，對方也只好視而不見。你若認為勉強留在臺上，對方哪天會突然發現你的好，那你真的是好傻好天真。愛情遊戲完全不是這樣玩的。

你若真的喜歡那個女生，這時候你最該做的反而是尊重對方，在她禮貌給你臺階時自己走下去。這樣，兩人還會是朋友。消失個半年一年，日後你若變得更有趣、更成熟、

更有價值，大家還有可能從頭來過。你若死賴在臺上不下去，三不五時還要發作一下抱怨對方「沒把你當朋友」，最後你將什麼都不是。

## 錯誤八：宣稱「我不會再出現了」，可是沒幾天又摸摸鼻子回來

這是一種悲哀也是極度可笑的錯誤。談判領域有個概念就是「必要時你可以採取離場策略」。就像婆婆媽媽跟市場小販殺價，最後可能出個價被拒絕轉身就走。有時候小販會急忙拉住她們，接受她們的出價。

可是使用這個策略的前提是，談判中離場的損失對你而言很小，而透過威脅讓對方屈服你的獲益很大。這時候，離場的威脅策略是有用的。畢竟「沒差的最大」！

可是，大部分男人會講出這句話，其實是所有招式都用盡了，是一種哀兵政策。想說若丟出這句話，女生會不會稍作挽留。但我得告訴大家，這事情肯定不會發

生。人家對你的態度一直冷冷的，就表示你做的那些事情，其實效用不高。既然如此，你要消失對她而言很可能是沒關係的。如果你下定決心要消失，直接疏遠就好了，對方甚至要花很長的時間才會想到，「那個○○○好像很久沒找我了？」

事實上，一個人不來煩你，我們往往需要數週的時間，才會注意到他好像消失很久了。常常有男生問我，我若一個禮拜不找她，然後再打電話，她會不會就如何如何。這個問題真的太無知了。試想想，你有多久沒跟你麻吉聯繫了？如果你是個正常的上班族，很可能一算會發現很長時間沒跟某人聯絡，可是心裡並不覺得有這麼長。成年人平常有很多事情在忙，時間飛逝，你根本感覺不到時間的速度。對上班族而言，一兩個禮拜沒聯絡，跟一天沒聯絡的實質感是一樣的。

男人們，你若想要創造一個讓對方心情平靜的時間週期，最少請以半年到一年為單位。你很痛苦，所以度日如年，

我可以理解。可是正常過日子的人，半年其實一下子就過去了。

千萬別把消失當成手段，對方很可能要花很長的時間才會注意到。更糟的是，女生就算察覺也可能只會聳聳肩不當一回事。只有很小的機會，她會發個 Line 或是 Wechat 問候一下。可是就算她來問候，也不代表什麼特別的含意。換言之，你若做了離場宣言，對方可能樂得輕鬆，正常狀況下，幾乎 99%是不會特別挽回的。

最糟糕的狀況是宣稱自己要走，過一個禮拜忍不住思念，又回來窩著。這種出牌法，你就把所有籌碼都用盡了。對方完全不會再對你有任何尊敬。她知道你無處可去也無技可施。壞一點的，恐怕還會以此來利用你。

## 補充知識

有位網友問過我一個非常有意思的問題。他說日本主持人田村淳，在某次訪談時分享了他的把妹三句話：「只要三句話，我就能明白對方的心意。」小淳大方分享他的把妹三步驟，「第一，我會問對方：『妳覺得我怎麼樣？』接著再說：『妳有可能喜歡我嗎？』最後說出：『我喜歡妳。』對方有沒有交往的意願，馬上就能知道。」

所以這位讀者就疑問了，這樣的概念不是跟我文中所謂「不要告白」，還有「不要問妳覺得我怎麼樣」的論點衝突？我的看法是：小淳這樣的把妹達人提的概念是對的。但我提到的八大錯誤，同樣也有存在的必要性。

聽起來有點矛盾不是嗎？所以我打算在這章節的最後，談談一個嚴肅的「定義問題」。就是這本書的目的，並不是要把你變成把妹達人，而是要幫助你成為一個體貼女性的男人，進而降低拿到好人卡的機率。

把妹跟發展長期伴侶關係最大的差異，在於「把妹是沒有涉入度的」。今天看到Ａ女很美，照小淳的公式上去聊幾句話，問問對方是否喜歡自己。對方喜歡就進入下一階段；對方不喜歡，把妹達人聳聳肩也無所謂。看看旁邊有

個 B 女也不錯，那就換個對象繼續問。天下美女何其多，一個不成換另一個。只要男生底子不壞、幽默風趣能逗對方笑，問一百個總有幾個會點頭。

可是會不斷拿好人卡的苦主，最大的問題在於他們從來都不是玩咖。他們沒辦法一個換過一個。甚至還覺得自己很專情、很挑、很不容易為女生心動。換句話說，這樣的男生可能有些宅、可能不善於談吐、不善於裝扮、也不有趣幽默。

他們好不容易喜歡上一個女生，鼓起勇氣上前，就問對方：「妳覺得我怎麼樣？妳可以跟我交往嗎？」只會迅速拿到好人卡。如果他們不在意，換個目標也就罷了，可是大部分收到好人卡的苦主，是原地踏步用苦情手法，或是想留在女生身邊默默感動她。換句話說，這樣的男生通常經驗不足又行動錯誤，而容易把場面搞得很難收拾。

在我看來其實很可惜。這些男生大部分本質都很良善，只要把一些容易嚇退女生的手法改掉，瞭解女生到底要什麼，未必會收到好人卡。可是若不懂這些，只是放任自己無法壓抑的情感亂竄，直接白目地跑上去告白或是質問彼此的關係，只會不斷地在期待與失望間徘徊了。

這是這本書的主軸，也是希望大家繼續往下閱讀時，能建立的正確觀念。就長期而言，成為一個理解女性並體貼的男人，跟異性建立真正長期的情感牽絆與伴侶關係，絕對比到處打帶跑的把妹達人更快樂。

所以對於有心建構一段穩定長期關係的男性，接下來可以繼續進入下一章，瞭解女人到底在長期關係中想要什麼！

【戀愛管理第二堂】

# 其實你不懂她的心

## ——從演化及心理<br>來理解女人到底要什麼？

我一直把你當做

愛情想不學卡，但……

得避開錯誤策略

我覺得我們　我不要

不適合　當好人

戀愛要成功，

八件絕對不能做的事

有心儀對象之後第一件要做的事

丈量「心的距離」合

學會為愛往前飛

心慌亂我給你慰藉

情人節

那是什麼東西？

可以吃嗎？

步步為營

經營愛情！

感情熱度

量測表

請收下！

不想拿好人卡

我們不適合

你是好人卡？

你是好人

愛妳愛我，

我們愛這個錯？

其他重要愛情知識

一直把你當做

情人節

我不要當好人

學其實你不懂她的心，

宿命

怨念

你是個好人，我們不適合

為何會拿好人卡？

兩性皆適用

這是你的卡片

愛情不拿卡要領

老師的八堂戀愛管理課，

翻轉你自以為是的愛情觀！

跨越愛情的山丘，

才能發現幸福的綠洲

學會收拾戀愛夢

別把愛情的糾纏當戀愛幸門！

# 女人到底要什麼？

很多人以為女性面對愛情完全根據浪漫與感性在做反應，但這認知恐怕是錯的。雖然她們喜歡玫瑰與小熊，但不對的人就算買了千朵玫瑰，也無法真正打動她們。所以浪漫與感性只是影響的一小部分，另一部分，也就是女人理性面與本能面的篩選機制則是很多男人始終沒搞懂之處。但若這部分不理解，只一味的訴諸感性與浪漫，恐怕會一直感嘆女性的深奧。

當然，所謂理性與本能的篩選機制，並不是說她們在看到男人時會拿出小計算機加加減減品頭論足一番。而是人類的很多反應，深植於文化、歷史傳承、甚至源自於數千年來物競天擇所產生的結果。換言之，其中有共通性與可被歸納之處。

英國知名的演化理論學者理查・道金斯（Richard Dawkins）在 1976 年的著作《自私的基因》* 中提到一個名詞：演化

穩定策略(Evolutionary Stable Strategy,簡稱 ESS)。這名詞大概是這樣的概念:人們的每個行為背後其實都有生存與演化的意涵。那些策略不好的基因都逐漸被淘汰了;而策略好的基因(以及物種)得以存活、也會把合宜的策略(或「習性」)持續寫入下一代的潛意識中。

就算沒有意識到,我們很多的「選擇」並不是隨機的。這些選擇背後其實是有清晰的規則,更可找出嚴謹的衡量架構。**當瞭解這些規則,人在特定情境下會傾向的選擇也常是可被推估的。**

舉個簡單的例子。有人拿了一隻烤得金黃酥脆的炸雞從你面前經過。你的鼻子聞到食物的氣味,馬上會嘛口水、眼睛會不由自主地注意那美味的食物。換言之,你會想吃。但如果有人拿一隻生了蛆並發出惡臭的死雞走過你面前。

---

* 註:雖然也有部分學者批評道金斯的觀點在解釋愛情與婚姻上不夠全面。但這本書畢竟不是學術論文,所以太過哲學與生物學的爭論請暫時忽略。在這裡談及,主要是想闡述兩性之間的很多反應是因生存本能在背後主導。要瞭解異性,我覺得 ESS 的觀點是大家應該知道的。

你則會皺起眉頭，不但不會產生想吃一口的慾念，甚至還想逃走。

這種推估不用我說，你也可以瞭解。

這是因為你我每天都要經歷食物的抉擇，慢慢地你對於大部分人們如何篩選食物，以及如何偏好食物，可以理出一個法則。這法則雖然看似某種「喜好」，但實際上並不是。大腦迅速根據味道（香氣或惡臭）做出判斷，有香氣的應該是對身體有益的，有惡臭的則應該是對身體有害，而身體也會做出反應（分泌唾液、或拔腿逃走）。

雖然這樣講起來有點讓人遺憾，但人們大部分的喜好還滿一致的。這一致性並非意識判斷的結果，而是生物本能根據「能否讓自身延續」這個理由在背後作祟著。男人女人在擇偶時，也有同樣的機制在運作。

但在繼續之前，我要提醒的是：生物本能以及基因延續並不是異性挑選伴侶唯一的理由。如果這是唯一的理由，那這本書也沒什麼好談了，因為將只有條件最好的男人才能

勝出。但環顧周圍，也有美女跟平凡男人相戀相守的實例，所以本能影響一部分的決策，但還有很多因素是跟本能一樣的重要。只是在討論那些因子之前，我們還是先回頭完整瞭解異性的本能規則吧……

繁衍跟進食都是物種演化的重要動作，所以我們對異性的篩選機制同樣存在著架構嚴謹的遊戲規則。唯一的差別，在於你我不是每天在擇偶，所以大部分人自然就不太懂這背後的機制。尤其不懂「異性」的篩選機制。

若這段話很難理解，試想你做為一個男人，看到穿著高跟鞋的美腿時，你不會想多看一眼嗎？不會想認識對方嗎？甚至想更進一步靠近？男人這部分實在太淺顯易懂了，所以很多人在搞清楚這樣的原則後，就能以此來控制男人的目光焦點甚至決策能力。

這類控制不單單女人會用（比方說化妝與穿著的技術），男人也會用這樣的方法來控制同類。比方說，很多公司會大量起用美女業務，她們穿著絲襪短裙去拜訪男性多的部門（IT 或 RD）。或是現在 3C 展場少不了的 Show Girl，也是為了吸引男性的瞬間目光。這些手段效果好嗎？當然很好。這不就是有人理解了男人的「物種本能」的順勢策略嗎？

男人有這種物種本能，女人當然也不例外。但我不是要介紹什麼捷徑或控制技巧，用那些容易弄巧成拙不說、對女性也不公平。我要跟大家分享的，是瞭解女性在面對男人的「思考模型」以及她們渴望的要素，如此你可以避開地雷，也能知道自己該往哪裡努力。你若能持續培養女人想要的特色與價值，她們自然對你另眼相看，也容易避開拿到好人卡的窘境。

# 女人情感的三種時期

當然，人畢竟不是標準品，所以不同女人還是會因為個性、成長環境、文化影響、教育方式而不同。但因為本能需求是一切基本，所以大原則是可以被歸納的。第一個我歸納出來覺得大家應該知道的知識，是女性會根據不同年紀以及生理狀態而處在三種不同的時期，分別是「感性主導時期」、「實質重視時期」、以及「母親時期」。在不同的時期中，女人重視的東西完全不同。圖中三個時期基本上跟年齡有正向的關連，部分會重疊，但具體會發生在哪個年紀則視每個人狀況稍有差異。

## 感性主導時期

在女性還年輕時，最能吸引她們的是刺激感。所謂刺激感並不是她們想要高空彈跳或是進行犯法的事情，而是希望能認識跟她目前生活環境不一樣的人，能碰到帶著她們認識這個世界、開拓眼界、並讓自己的人生更加豐富的人（尤

其是男人）。

女人在這時期，重視的是男人的有趣程度，是否能講一些她有興趣可是卻從來不知道的事情、能否逗她們笑、能否讓她們驚呼連連。換句話說，若你有可以多談談新奇經驗、人生哲理、異國風情、奇人軼事、好笑幽默的故事，女人就會感到著迷。總之，這時期女性的感性面確實大於理性面。她們還不會考慮太多未來、長期、結婚、穩定、保障等要素。有趣、好玩、感覺、刺激、甚至帥哥，反而會獲得較高的權重。原則上，這時期大約在女性十多歲到二十五、二十六歲前後。有些女性成熟得早，這年齡

可能提前；當然也有些女性年齡可能延後。

## 實質重視時期

當女人成長到一定年紀，她會開始考慮與男人發展結婚或生子之類的關係，這時候會慢慢進入「實質重視時期」。對女性而言，結婚生子可是一個很大的人生變革。尤其在古代，生子對女人而言是很危險的一件事情。懷孕意味著有十個月的時間移動力降低，覓食以及躲避危險的能力也將因而下降。換言之，懷孕生子是很危險的，通常都得仰賴男人在旁協助。包含協助女方覓食、提供遮蔽的空間、確保母子溫暖、並保護她們遠離其他的野獸與危險。也因此，女人會從感性面更走向理性面，以確保男人不會拋下她與孩子不顧。

雖然現在社會已沒有部落時代這麼危險，但演化過程的記憶恐怕還是會影響女性的潛意識。當女性接近適婚年齡，生物本能的理性考量會開始強化為主導決策。一旦她們考慮是否結婚，男方經濟能力、社會地位，能否保護自己、照顧小孩，能否有效地供給她與將來子嗣好的生活，就會獲得較高的評量權重。

這部分的考量並非現實，而是生物對於求穩當的本能變得更為重要。若男人不能讓女人在感情上愛你信你，或在經濟上提供充分支持，那她就可能會把目光看向其他競爭者。

### 母親時期

而更有意思的是，當女人有了子嗣，她會把從男人身上的大部分感情移轉到小孩身上。她對於男人的關心及注意力會下降，大部分的心神都在於考量怎麼樣能讓小孩順利的成長。

當小孩跟伴侶同時提出需要時，她可能會優先把重心放在小孩身上。也容易因為小孩的狀況而把情緒發洩在伴侶身上。若我們環顧四周已婚的家庭，通常夫妻的不和睦常常都是在有小孩的前十年間埋下的。女性也往往會等到小孩成長到一定年紀，才又把重心放回伴侶身上。

# 女人的戀愛靜摩擦力模型

不過，無論你面對的是怎麼樣年紀的女性，就算是急於結婚而相親認識的女性，她們也不會因為看到你條件不錯就立刻心動。從認識到讓她們對你感興趣、甚至願意親近，還有另一個結構你必須瞭解。這整個判斷機制，我將之通稱為：女人的戀愛靜摩擦力模型。

為何叫做「靜摩擦力模型」？主要的原因在於女人在擇偶上的互動機制，其實很類似國中物理學過的靜摩擦力概念。大部分的女人，在選擇交往對象時，開出的標準相較於延續這段關係所需要的條件來得更高。

第一個原因在於女人刻意拉高標準，可以排除那些只想占便宜的男人。另一個原因，則是當女性本身條件不錯時，想贏得芳心的男人多如牛毛，拉高門檻是她最不費吹灰之力的篩選機制。讓男人搶破頭去展現價值，她可以逸待勞挑最後贏得爭

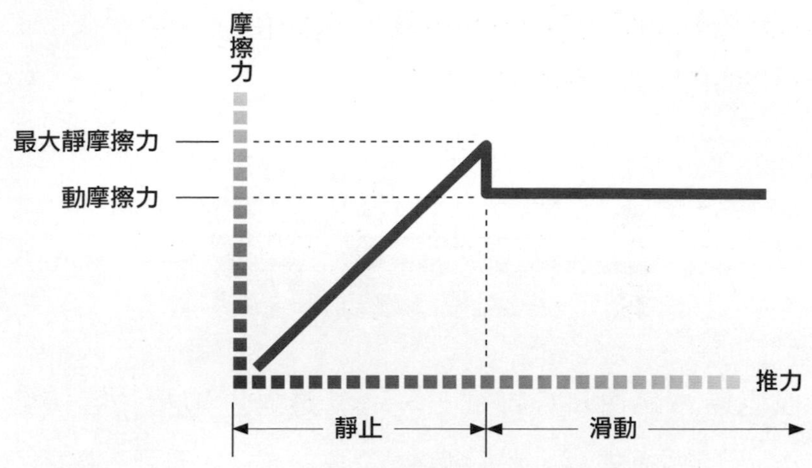


奪、總合價值最高（或打贏其他人）的男人。

到目前為止，大家可能覺得：「這沒什麼了不起，女人面對男人追求時設有門檻，本來就是一般常識。」可是這常識卻容易產生一個直覺謬誤，會讓沒經驗的男人以為：既然有門檻，所以自己得好好的「追」，不斷地以「服務」或「奉獻」為導向，希望得到對方青睞。結果往往事倍功半，甚至很可能累得半死。就算能因此追到，女朋友卻往往陰晴不定，成為一段不對等的關係。

這是因為大部分的人雖然理解女人有所謂「篩選門檻」，可是他們以為的模型是這樣的：

他們以為就像 RPG 打魔王，可以透過送禮物、管接管送、買早餐送宵夜，來不斷累積點數。讓女人看到「誠意」或「感動」，最後當點數累積超過門檻，女人就會打開心房跟他交往。

這是錯的！把誠意與感動當策略核心的方式，是一個錯誤的押注。當然，有人確實這樣贏了，但那是存活者偏差*，只是因為他們的標的物沒有別人搶，運氣好的結果。這種勝利純粹贏在命運、而非贏在策略。

---

* 註：存活者偏差（Survivorship bias）：一種邏輯謬誤，只看到成功者的經驗、而忽略失敗者的狀況。創業或是金融領域最容易出現這類狀況，大家看到電視與週刊對於成功者的訪問，而放大了某些特質或手法的重要性。

就我的觀察而言，整個完整的模型應該是這樣才對：

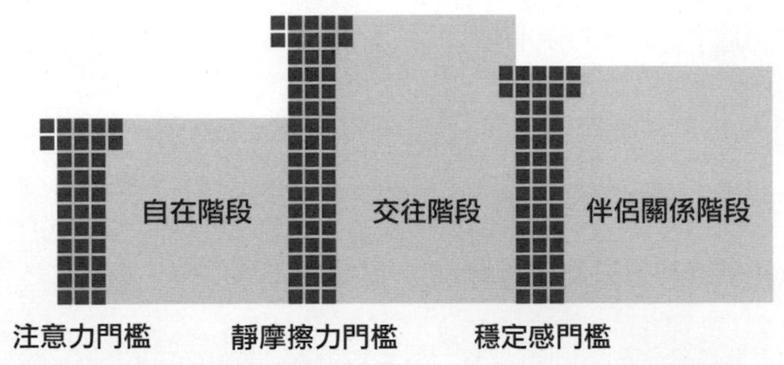


女性在面對追求的篩選門檻有三層，分別是「注意力門檻」、「靜摩擦力門檻」以及「穩定感門檻」。大部分人不知道除了真正決定是否交往的「靜摩擦力門檻」外，要女人把你當一回事，前面其實還有一個非常重要的區域，我把它稱為「自在階段」。

這個區域為何很重要？首先，男人必須先被女性歸在這塊區域，她們才會回應男人的「Approach」。在進入自在階段之前，男人無論做什麼事情其實都不會加分。

再來，這階段與女方的互動模式，會影響後續女人將如何

對待：是一個平等、和諧、且長期穩固的關係？還是一個充滿爭吵、恐懼、或是對立的關係？或是一個彼此隱忍、相互想壓制對方的關係？

這裡會是一切的起點。你若在這階段待得太短，後續會很辛苦，兩人有很多「磨合」問題要處理。可是呢，你若在這階段待太久，則可能變成好姊妹或好朋友。

至於那些連「注意力門檻」都跨不過的人，其實還沒進入初賽，是根本連被記得的資格都沒有。就算你靠什麼方法加到Facebook，或是靠搭訕技巧拿到Line或Wechat帳號，人家可能也只是有一搭沒一搭的，聊一聊她就說要去洗澡了。若還妄想要靠什麼告白來取勝，那真是亂來至極了。

所以，整個完整的門檻模型其實是長這樣：

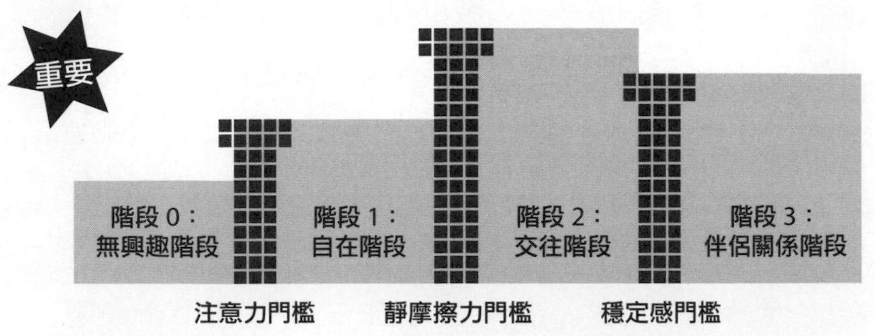


換言之，整個「女人戀愛靜摩擦力模型」包含了三個門檻，以及 0 ～ 3 階段。接下來，就來分別說明一下這幾個階段的內容。

在本章的一開頭，我花了些時間談到道金斯的演化穩定策略（ESS），以及基因對人做選擇的影響，因為整個戀愛靜摩擦力模型恐怕就是女性預設的演化穩定策略（ESS）。

如前面提到，幾乎物種在本能上，都會盡量選擇能讓自己繁衍機率最大的決策路線。男人之所以容易受到各類美女吸引，根源於基因要讓男人被各種女人吸引，以便讓繁衍

機率最大化。撇開道德因素不談，就純動物性的驅控本能而言，男人若能跟很多女人發生關係，基因就有較多的機率存活下來。單一女人若有基因缺陷，只要其他女人的基因健康，自身的DNA就能存續。若單一女性不太會照顧子嗣，但其他女人擅長，自身的DNA一樣也能存續。基因懂得分散風險，所以男人天性就有想跟很多女人交往的衝動。當然，我不是要把男人花心的舉動正當化，只是據此說明「現象」以及背後的「成因」。

但女人就完全不同了。她們因為生理構造上跟男人不同，同一時間（十個月內）能夠繁衍子嗣的數量固定。胚胎著床後就有十個月不可能再受孕，所以女性在繁衍策略上跟男人就完全相反。她們不想沾染眾多男人，而是希望從周圍的男人中挑選最佳的選擇（最佳選擇未必是最好的那個，畢竟也得考慮自己的掌握度以及控制條件等）。一旦挑選出來，關注的焦點就變成這男人能否長時間維護她以及子女的生活穩當。如果這些答案都為真，那她就有很高的意願發展進一步的關係。

請你思考這段話，再回頭看一下我分析出來的四個階段，你就能理解背後的涵義了。

## 以階段 0 而言

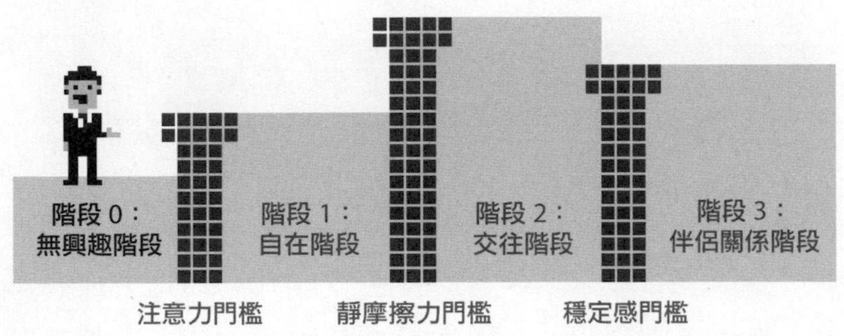


在這階段時，男人還沒真的參與到遊戲。很可能你注意到她，但她還不認識你。這就像有個熱門的職缺，你很想爭取，但徵人的公司卻完全不認識你。而且可能還有數以百計的人想來搶這職位。女性在面對追求者時也是類似的狀況。同時間一位女性可能會接觸到非常多對她有興趣的男人，尤其美女更是如此。無論是工作上的、朋友、朋友的朋友、甚至路上貪婪的目光，對女人而言可說不勝其擾。當這數量一多，誰有力氣每個都認識看看以評價誰好誰

壞呢？

最合理的方法，就是設個固定的篩子（Screening System）。比方說你要找專案經理，沒時間一個一個面試，所以可能就在人力銀行上先列出需求條件：要帶過 10 億以上案子的專案經驗、要有 PMP、要會 P6 等。能通過這些條件的人可能只剩三五人，這樣就不用一個一個聊的情況下，先篩掉大半的人。

處在階段 0 的男人，女人根本不會記在腦海中。除非這男人條件異常顯眼，一眼就被她注意到（或人人都在談論），不然女人對他的興趣很可能不會太高。所以，若想要女人記得自己，得先越過「注意力門檻」。越過門檻後，她們才會把心思稍微多放一些在我們身上，才會有意願往來與互動。

## 以階段 1 而言

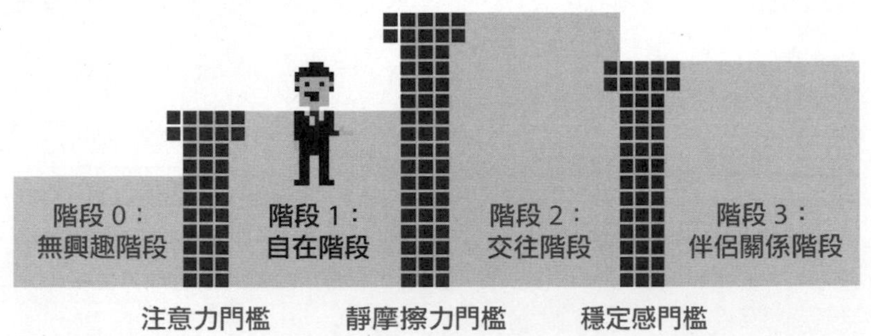


這是女人開始對你產生興趣，並覺得在你面前可以適度放鬆的階段。進入這階段後，女生開始願意給你機會表現自己。她們可能會跟你開玩笑、嬉鬧，你若表現好，還有機會出去約會、讓你有機會展現你的內外在價值，更可能可以做更深入的談話，有些心智上的互動，或有些肢體上的觸碰。

可是這階段，女性不會給你任何承諾。但如前面提到，在長期伴侶關係的建立上，這裡卻是最重要的一個時刻。男人若做的正確，可以讓她建立充分的安全感，累積足夠的信心，並把你當成一個可敬、可信、且願意重視的伴侶。

此外，還有一個重要的觀念：若在這階段你觀察發現兩人未必這麼契合，稍微退後大家還是能當朋友，誰也不會受傷。這也是為何我會鼓勵大家不要告白。告白一來讓你沒有退路，一翻兩瞪眼，要退後再戰你也籌碼盡失。二來就算女人因為缺乏經驗而瞬間答應交往，在缺乏前導互動下，之後的交往通常會卡到很多「身分」、「責任」、「權利義務」等問題，彼此調適得很辛苦。

另外，女性有可能同時間跟很多男人都處在這一階段。已經有長期伴侶的女性，可能把進入此階段的男人立刻轉移成朋友關係。對於沒有長期伴侶對象的女性，則會把進入此階段的男人當成認真篩選的開始。

若繼續以求職來比擬，能進入此階段，主管就會認真地讀你的履歷，並給你一個面試的機會。唯一跟求職不同之處，在於女性給你的面試機會可能很多場，只是每次都很短。女性會持續以一些問題、態度、看法、舉動、或是互動方式來試探，觀察一些細微的點。而男性也該用同樣的方法來進行，並以正確的力道緩慢地推過靜摩擦力門檻。這部分的行動準則非常重要，甚至可說是交往成敗的關鍵。

## 以階段 2 而言

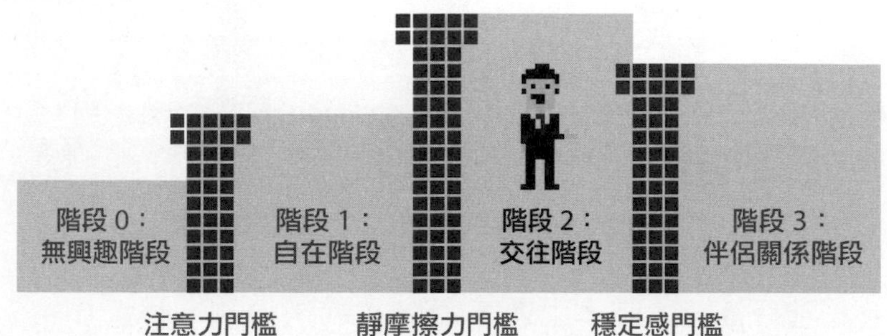


當男人突破靜摩擦力門檻後，這時候就如同進入公司之後的試用期。女人還是會觀察我們，只是這階段更像是自己跟自己對抗。她會觀察你有沒有不良習慣、能不能信賴、經濟上是否穩定、脾氣會否暴躁、能否託付自己與小孩在這男人身上等等的各項檢驗。

男人只要在這階段表現踏實、上進正直，證明自己對於女人的關愛，給予其舒適感、安全感，就會逐步墊高女人的涉入度以及沉沒成本。當涉入度以及沉沒成本累積充分後，女人就可能會願意跟這男人踏入長期的伴侶關係。

## 以階段 3 而言

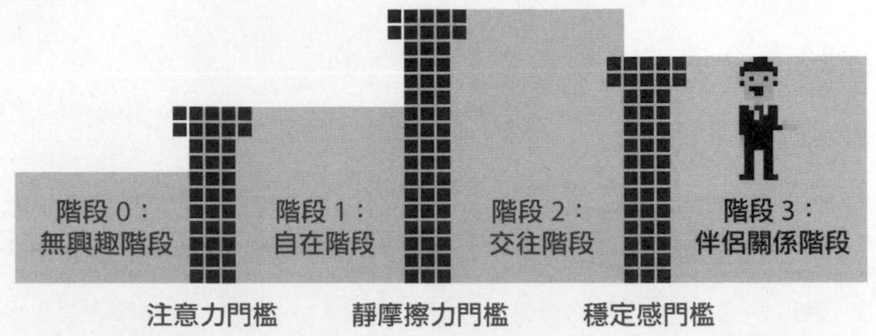


進入階段 3 後，基本上就不再存在篩選機制。經過 0 ～ 3 階段最後走入長期伴侶關係，女性只有在三個情境下才會再生出變動。

- 生活穩定感受到威脅
- 目前生活讓她感到無趣或痛苦
- 出現一個讓她強烈受到吸引的男人

第三點通常隨著伴侶關係的時間越長，機率越低。所以就大部分的情況而言，只要男人策略正確的執行到階段 3，不亂犯錯、不讓她覺得沉悶、不讓關係變成痛苦或難受、不要在內外條件墮落，這段關係將牢不可破。

不過我要提醒大家的是，這模型女人大多沒有想過，也很少女人真正意識到整個過程。但女人幾乎都會如此的篩選與分類，也會根據男人所能到達的階段，決定用什麼態度來面對。

所以在你要接近女人前，請在腦海中清楚瞭解這四大階段，並理解女性會在自己都搞不清楚的狀況下，直覺地用這模型來衡量。也因為大部分的女人其實不清楚這個模型，更別提她們會明確告訴你現在處在哪一階段。所以追女孩子，重點不是送花、消夜、修電腦、更不是告白，而是要搞清楚自己目前位在哪個階段，並透過行為指標（Indicator）來決定你的進退原則。

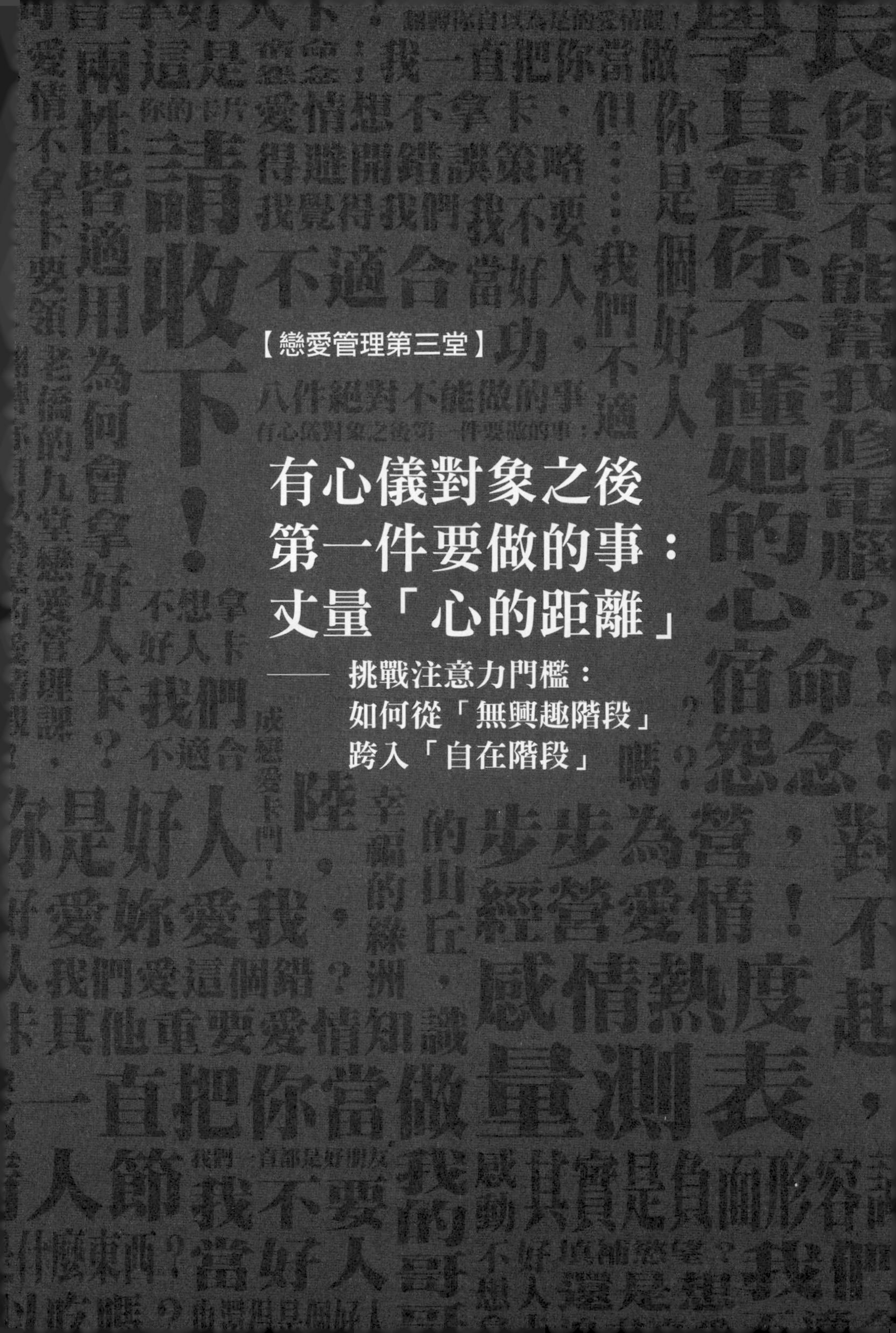

【戀愛管理第三堂】

# 有心儀對象之後第一件要做的事：丈量「心的距離」

## ── 挑戰注意力門檻：如何從「無興趣階段」跨入「自在階段」

我一直把你當做
其實你不懂她的心
宿怨
你是個好人，
但……我們不適合
愛情想不拿卡，
得避開錯誤策略
我覺得我們
我不要當好人
不適合
戀愛要成功，
八件絕對不能做的事
有心儀對象之後第一件要做的事：
丈量「心的距離」
為愛往前飛，
心慌亂我給你慰藉
情人節
那是什麼東西？
可以吃嗎？
步步為營
經營愛情！
感情熱度量測表
命念
跨越愛情的山丘，
心才能發現幸福的綠洲
學會軟著陸，
別把愛情的給跳成戀愛卡門！
拿卡
想人
不好
我們不適合
這是你的卡片
請收下！
兩性皆適用
為何會拿好人卡？
愛情不拿卡要領
老倆的九堂戀愛管理課，
翻轉你自以為是的愛情觀！
你是好人
愛妳愛我
我們愛這個錯？
其他重要愛情知識
我一直把你當做
情人節
那是什麼東西？
可以吃嗎？
我們一直都是好朋友
我不要當好人
我的哥
感動
其實是負面形容
好人
填補慾望
還是想

# 關於「無興趣階段」的注意力門檻

問大家一個情境題：

**公司新來了一位女生，你覺得她很符合自己對於女朋友的期待。你們雖然還完全不認識，但你想採取行動，第一步會怎麼做？**

- **找機會告白。**
- **選特定節日送花，讓她知道自己的愛慕之心。**
- **買小點心或是茶飲去送她，讓她感受到自己的關懷。**
- **單刀直入趨前問她有沒有空喝杯咖啡或吃飯。**

以上可能是很多人會想到的方法。但我得說，這幾個開局其實都不好，一下子做得太多了，以至於會有很高的機率讓你迅速卡關。告白的缺點我已經講了，至於送花、買點心或約喝咖啡吃飯等事宜，在對方都還不認識你的情況下，恐怕她也不敢隨便接受。一開始就讓她得對你說 NO，其實

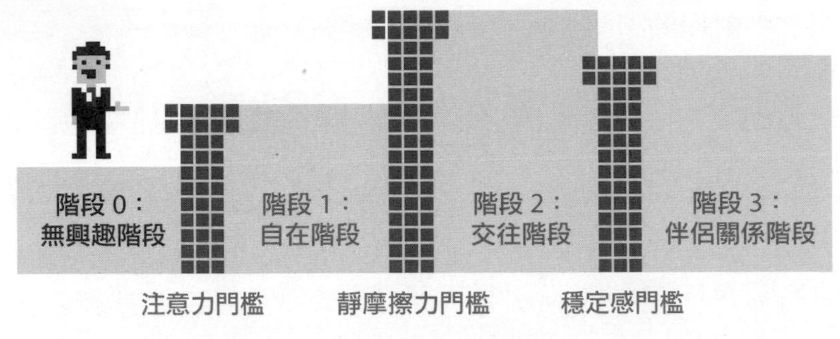


前一章我們有提到「女性的戀愛靜摩擦力模型」

不是關係發展的好事。我在此要先表達的概念是：**無法確定對方對自己是抱持什麼觀點之前，不應該出手送禮，應該先搞清楚對方如何看待自己。**

「可是，總該做些什麼吧？如果不做些什麼事情，那她一輩子可能都不會注意到我，我不就沒戲唱了？」沒錯，你當然該做些什麼！可是在女生還不怎麼認識我們時，你最該做的第一步是先想辦法跨過她的「注意力門檻」。讓她先認識、記得你。

可是怎麼知道她的感覺？當然不能直接問對方：「妳覺得我怎麼樣，可以追妳嗎？」而是該透過一些間接的方式來測試她對你的印象，以及她對你的好感度到底有多少。

比方說，你去她的部門，她看到你是會跟你微笑點頭打招呼，還是完全把你當透明人？甚至根本不記得你？如果她對你微笑點頭，你或許可以開始行動；如果她視而不見，你貿然做任何事情，都可能把自己放到一個難以轉圜的位置。至於要約她吃飯喝咖啡還是送禮物，則是熟悉度更高時才該做的動作。當她跟你還不熟、沒交集的狀況，你唯一可以進行的行為是試著與她建立互動，並透過「跟她調情」來量測兩人的距離！

# 調情是一種量測兩人距離的方法

很多人看到「調情」可能眉頭一皺。因為中文這個詞通常帶有負面印象，有點玩弄或是勾引的味道。但這裡所謂的「調情」並沒有任何下流的意味，不是要你去拍人家屁股或是講黃色笑話。（喂～想也知道做那些事情不會讓你成功）

中文雖然缺乏一個精確的定義，但「調情」在英文倒有一個很精確的用字：Flirting。Flirting，指的是男女之間眉來眼去、開玩笑、打情罵俏、互傳訊息、輕微觸碰，甚至肢體上曖昧含意的各類行為。就尺度而言，調情可以非常含蓄、偏社交行為；但在合適條件下，也可以非常曖昧，傳遞出濃厚的 Sexual Interest。

關於調情的另一個重要的知識，在於：**調情不能是單方的舉動，另一方必須以類似的方式回應，這樣才算是「完整的調情」。**

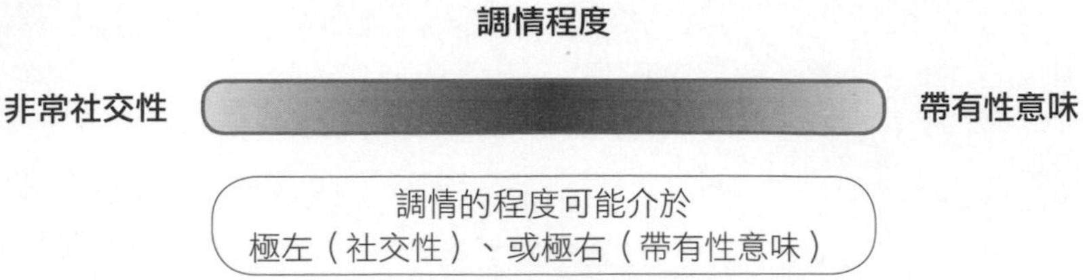

**調情程度**

**非常社交性** ←→ **帶有性意味**

調情的程度可能介於
極左（社交性）、或極右（帶有性意味）

這是什麼意思呢？

某天你在電梯碰到一個女同事，你跟她說：「小美，妳換髮型了！這樣真漂亮！」她回頭一笑：「我適合這個髮型嗎？臉會不會看起來很大？」一邊講還一邊左右轉頭讓你用不同角度確認。或是回頭白你一眼：「哼！人家換好幾天了耶！你平常都沒注意人家喔。」邊說邊嘟嘴。這就是一個簡單但完整的調情過程。

你看，沒什麼大不了吧？這種事情可說非常平常，完全沒有任何低級或下流之處。正常的男人甚至一天可能會跟數個女性以這樣的方式互動都說不定。事情本身雖然沒什麼大不了，但她怎麼回應卻很重要！因為女人會以調情性質的方式來回應，表示**「她對你放鬆、或對你有好感」**。女

人必須先在心態上對你放鬆，你的所作所為、一言一行才會在女性心中的積分板上開始計分。

所以同樣情境，也可以是另一個完全不同的結果。當你說：「小美，妳換髮型了！這樣真漂亮！」小美謹慎地轉頭看你一眼，表情有些慌亂、有些緊張，然後她不太有表情地回覆：「謝謝。」說完就面對著電梯門。門一開，微微點個頭就出去了。雖然是一樣的調情方法，但對方卻沒有接球。沒有完整的互動，表示調情是失敗的。她的反應顯露出她試圖把你的調情淡化，完全社交性地做出回應，甚至可能還有點怕你。

為什麼會害怕？很遺憾，我們無法從這兩句對話中判讀。可能是你給她的印象不好，平時她就覺得你輕薄、好色，或是兇惡。也可能你的眼神或問話有侵略性；也可能覺得你長得可怕、原來就討厭你，或對你印象很壞之類的。

當然，人不能悲觀，她的反應也可能是另一種狀況：她聽到你問話其實很害羞。她從來沒想過你會注意到她、更不敢相信你會跟她說話。她在震驚之餘覺得又驚又喜，可是腦中一片空白不知道怎麼好好回應。所以，單從這次的反應，我們只知道她沒接球。但沒接球有可能是壞的含意、也可能是好的含意。你無法單從這次的互動搞清楚是怎麼回事，所以下次有機會時你必須再試一次。但是這次你互動上的「調情程度要再降低」，也就是要「更往社交端靠攏」。下次經過走廊看到她，不要談她的外表，就單純試著跟她微笑點頭問好就好。如果這次她沒有臉露驚訝，但回應還是冷淡且疏遠，那問題的點就很清楚在於：「你尚未跨過她的第一層門檻。」

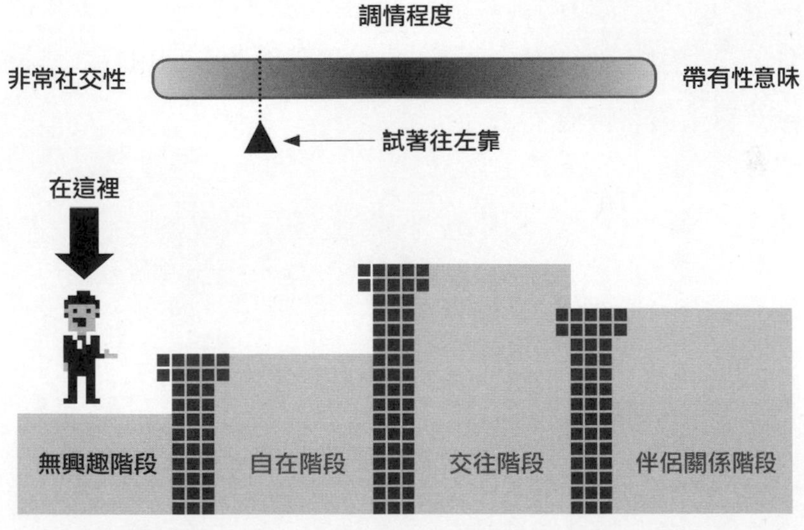


若純粹點頭微笑對方也是冷淡疏遠，那表示我們還在階段0。

在沒越過第一門檻的情況之下，女人不會用調情的方式回應。以剛舉的第二次行動為例，你只是點頭微笑，她都沒有顯露親切。這表示你無法讓她自在，所以她不願意讓你親近，更不會以玩笑甚至調情的方式回應。這也是為何建議你不要做陌生告白的原因。你可以試著自己推演一下，若在這個狀態你傻傻地跑去問「可以跟我交往嗎」，你覺得她會怎麼回答？

更慘的是，問這個問題等於打草驚蛇；她還因此有了「警覺心」。心想，「唉呦，那個噁心男居然喜歡我耶。好討厭喔！」之後你任何接近的舉動，她都會更用力地迴避，若對方不斷刻意防備你，就很難有機會改變她的印象。但你若沒有引起她的防備之心，只是不動聲色默默自我改變，或許日後還有轉機。

# 如何突破「注意力門檻」？

也因此，對老是拿到好人卡的男生，該關注的第一個分水嶺是：「女生是否願意跟我調情。」女生如果不接你調情的球，甚至看到你都不太對你笑，表示你根本還沒突破「注意力門檻」。這時，絕對不要告白、不要試圖去要電話、不要直接邀約、不要送禮物，這些都太唐突了。被直接斬殺的機率非常高。因為，你根本還沒有進入愛情遊戲。

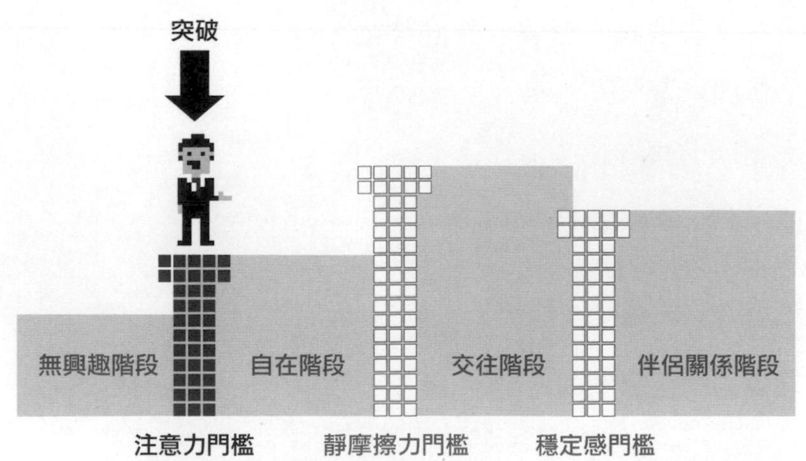

戀愛雖然很像一個彼此嘗試、相互探索界線的遊戲，但男人常常誤以為自己做任何事情都能累積一些分數。所以喜歡一個女生，就不管三七二十一開始投入。但別忘了，女生每天可能會碰到很多男人，可是人的腦容量是有限的，不可能每個男人都在她腦中存有個空間來算分數。所以那些根本不重要的男人，無論做什麼都不會計分。要累積分數你得「讓遊戲開始」，而遊戲能否開始的關鍵，就是你是否跨越對方的注意力門檻。

可是，到底要具備哪些條件，才能進入遊戲、才能開始算分呢？根據我的理解，要越過女性的「注意力門檻」，核心條件只有兩項：

條件一：長相不討厭。

條件二：讓她對你有好奇心。

列成公式的話是這樣子：

**注意力門檻需要的元素 ＝ 長相不討厭 * ＋ 讓她有好奇心 ***

---

* 長相不討厭＝乾淨＋整齊＋穿著得體＋態度不噁心
* 讓她有好奇心＝才能＋經歷＋趣味感＋讓她崇拜的特質

你若想讓遊戲展開，請先嘗試提升這兩項條件！

**條件一：長相不討厭**

女生通常都會說：「我喜歡的男生不用很帥，順眼就OK。」很多男人不相信這個陳述，但女人的陳述是真的。也因為是真的，這也是一般男人最容易、也最應該立刻處理的一塊。

男生會在長相被打槍，自己其實要負絕大部分的責任。很少人是真的長得醜，大部分都是出在「不願意花心力維護」。為什麼很多男人不願意做呢？說起來理由很幼稚，多半只是擔心突然花心思在外表上，會被周圍的人笑。但為什麼要在意周圍人的看法呢？你又不是要跟那些人交往，管他們的觀感幹嘛？更何況你照顧了他們的觀點，犧牲的可是自己的幸福。

當然，有少部分的男人是真的不以為意，或是不想浪費錢，覺得只要做自己就好。可是花心力維護外型並不是要你化妝或穿得花俏，至少讓自己看起來乾淨整齊。乾淨整齊本

來就是基本禮貌，對工作與人際關係也有加分。不用害怕周圍朋友取笑，若是慢慢改善，周圍朋友可能根本沒有發現。至於不想花錢更不是個好理由。因為讓自己「乾淨整齊」根本不會花太多錢。

第一步，請先確定每天出門前整體清爽乾淨。口氣清新、鬍子刮乾淨、鼻毛修剪、每天洗澡、不要有汗臭味、頭髮梳整過（無油垢味），穿著整齊清爽。你不用把自己弄得像雜誌上的 Model 那樣很潮很酷，但至少也不要把不修邊幅當時尚。

後續若口袋有些錢、能去整整牙、換副新眼鏡（或隱形眼鏡）、平緩一下痘疤、練練身體、穿著時尚些、剪個俐落的髮型，當然會更加分。但這些就不是必要條件了。以我的瞭解，大部分女性在男生外貌這部分給分「很寬鬆」。一個男人如果不太醜、不過重、不娘娘腔、沒有汗臭味或其他壞氣味、乾淨整齊、平頭整臉、行為舉止穩重、說話清晰、眼神有力，大概就及格了。你想想，那些禿頭與大肚腩的男人都可以交到女朋友，可見外表真的不用帥到如金城武一般！

另外要談一個跟外貌不完全有關，但其實相關的議題。部分女人會放很多分數在男人展露出來的「態度」上。有時候女人會用風度、氣質、感覺等字眼來形容，這些都是我所謂的態度。可是態度是什麼呢？態度指的是，你若很色、眼神不正、輕浮、讓女人有壓力，也容易給人不舒服的感覺。而這不舒服的感覺，不知道為什麼會被女人轉變成對你這個人的「外貌扣分」。這是非關外貌，但會被歸納到外貌的特別分數。

這種事情沒什麼道理，甚至很多時候女人也說不出個所以然。她們覺得這個人「好噁心」，其實就是在扣外表分數了。一旦女人用好噁心形容男人，基本上這個男人肯定不在她的自在區域。所以，這點也是大家該注意的事情。

可是怎麼做到「不噁心」呢？跟女生說話時眼神盡量看著對方的臉或眼睛，不要往下飄或是上下打量。不熟的狀況，不要講些會讓女性不自在的話題，不要說黃色笑話、不要

問私密問題，或是談論其他女性的身材。寧願對方覺得你木訥、不善於言談，也不要故意搞笑而變成低俗。雖然有些藝人靠講黃色笑話能把女生逗得很樂，可是這是需要天分的。沒有這樣的天分，那就千萬不要模仿，否則必然弄巧成拙。

**條件二：讓她有好奇心**

另一個重要的要素是激起女方的好奇心。好奇心這字眼很廣，但大概可以定義成下面幾項。

**趣味性**
- 你很幽默
- 跟你很好聊
- 你懂很多好玩的東西
- 相同的喜好興趣

**才能與經歷**
- 知道很多她不知道的東西
- 與眾不同
- 讓她產生想瞭解你的欲望
- 有機會帶她看另一個世界
- 擁有與她大不相同的人生經歷

**讓她崇拜的特質**

- 擁有比她厲害的技術或知識（前提是她有興趣的領域）

- 擁有比她更高段的才能（前提是她有興趣的領域）
- 懂很多事情
- 能引領她
- 權威與權力
- 社會地位與頭銜
- 就是莫名讓她覺得很厲害

從上面兩個原則可以看出，若想讓女生放下心防，外表「及格」很重要，但讓她好奇更重要。若這兩點及格了，你就有機會突破「注意力門檻」。至此遊戲才真正展開，她才會願意正面注意你（或讓你接近），調情也才會產生作用（對方才會反饋）。

順帶一提，除了「好奇心」，「親切感」以及「同情心」其實也有同樣的功效。有些人一看臉就會讓人立刻有好感或覺得親切，異性很容易跟他親近。不過我覺得這兩個條件很多時候是屬於人格特質，不具備者未必能輕易模仿。無法讓別人有親切感的，就請試著培養「趣味性」、「才能或經歷」或「讓她崇拜的特質」吧！

# 萬一已經打草驚蛇了怎麼辦？

我常常被男生問到的一個問題：「我做了某某事情，對方開始躲我了。這樣我還有機會逆轉嗎？」

一段關係是否能順利，一開始的印象很重要。我常常講一個比喻：人際關係其實像煮雞蛋。當你加熱過某個點、或是做錯了步驟，一旦蛋黃蛋白凝結，基本上就沒有重來的機會。

若一開始就陌生告白，或是讓女生對你有了錯誤的形象，要逆轉是非常困難的。對方可能開始迴避你，或是你每次趨前講話，她都會抱持很高的防禦心。在這情況下，除非有什麼極端的狀況發生，比方說你跟她一起逃出失火的大樓，不然，想逆轉幾乎可說是不太可能的。

這也是為什麼【戀愛管理第一堂】會特別提到不該做的事情。就是希望你能先避開那些會提升你拿到好人卡的行為！

先觀察清楚、透過簡單的調情方式來瞭解對方是否能跟你自在聊天。若對方不排斥你，你再進行下一步。這樣才能穩紮穩打往前邁進。畢竟長期關係要成立，有很多查核的事項，並非只靠一時的激情或是衝動來維繫。

【戀愛管理第四堂】

# 學會軟著陸，別把愛情恰恰跳成戀愛卡門！

## ——挑戰靜摩擦力門檻：從「自在階段」轉入「交往階段」1

翻轉你自以為是的愛情觀！
宿命戀念！我一直把你當做
你的卡片
愛情想不拿卡，
得避開錯誤策略
我覺得我們我不要
但……我們不適合
不適合當好人，
戀愛要成功，
八件絕對不能做的事
有心儀對象之後第一件要做的事：
丈量「心的距離」
為愛往前飛，
心慌亂我給你慰藉
情人節
那是什麼東西？
可以吃嗎？
步步為營
經營愛情！
感情熱度
量測表
其實你不懂她的心
宿命怨念，
你是個好人，
學會軟著陸，
跨越愛情的山丘，
才能發現幸福的綠洲
別把愛情恰恰跳成戀愛卡門！
愛情知識
請收下！
這是兩性皆適用
為何會拿好人卡？
愛情不拿卡要領
老僑的九堂戀愛管理課，
翻轉你自以為是的愛情觀！
拿卡 想人 不好人
我們不適合
你是好人
我愛妳愛我
我們愛這個錯？
其他重要
一直把你當做
情人節
我們 我當 我不要好人
宣都是好朋友
我的哥
感動 其實是負面形容
不想 好人 填補懸空 還是想
是什麼東西？

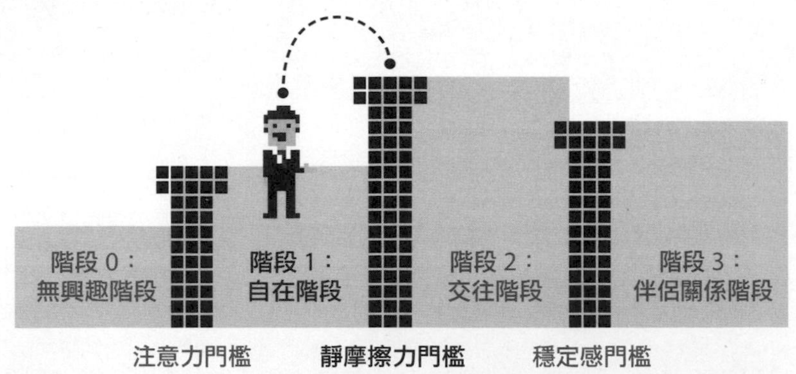


接下來的重點，是要談論如何跨過女性的「靜摩擦力門檻」。在開始之前，我列出關鍵公式：

**門檻突破關鍵**

**＝**

**對你持續的好奇心＋安全感＋涉入度＋非理性要素＋其他客觀加分**

- 對你持續的好奇心＝你讓她崇拜、仰望、關切、感興趣、覺得好玩、覺得好笑、覺得佩服等情緒。

- 安全感＝三個條件

條件一：危險但不危險的氣氛。

條件二：創造能帶著她參與的有趣環境。

條件三：環境造成的心跳加速。

- 涉入度＝ IKEA 情節＝讓對方覺得這段關係「跟她有關」；且讓她「主動希望」從這段關係中得到「她想要的東西」。

- 非理性要素＝你的基因或是賀爾蒙的吸引力所帶來一見鍾情的力量。或是源自於女方過去人生經驗，對你這樣人物類型所給予的額外寬容度。比方你感覺很像她的初戀情人，她對你的寬容度會比一般男人略高，對你的初始興趣值可能也會較高。（不過這要素比較可遇不可求。）

- 其他客觀加分＝品味、身高、家世背景、學歷、職業工作、收入、衣飾車子或其他排場等。

前三點最重要，是我們能控制的，也是接下來章節要探討的議題。

# 透過調情，觀測熱度調整距離

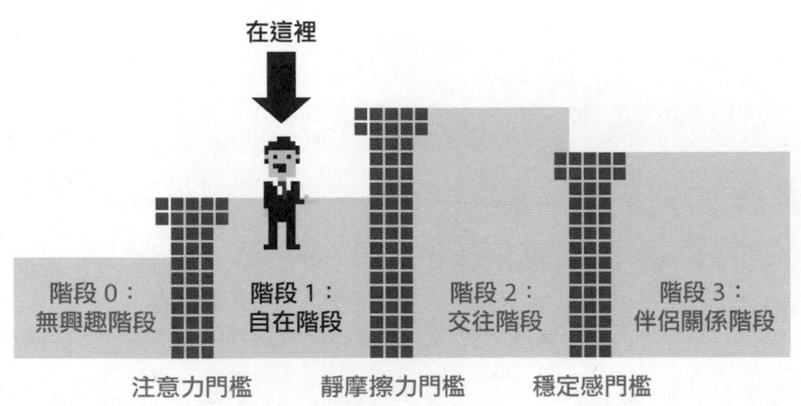


公司有個女同事，是會計差旅費用申請的窗口。你們雖然不熟，但偶爾拿單據過去報銷能聊個一兩句。你講個無傷大雅的玩笑、抱怨一下公司流程繁瑣，她都會笑，也會回應。在走道碰到你若對她微笑點頭，她也會笑著回禮。雖然目前兩人只有公事稍微聊過，但至少看到你，不會把臉撇過去。從這些反應看來，她似乎沒有討厭你。你應該已踏入女方的「自在階段」了。

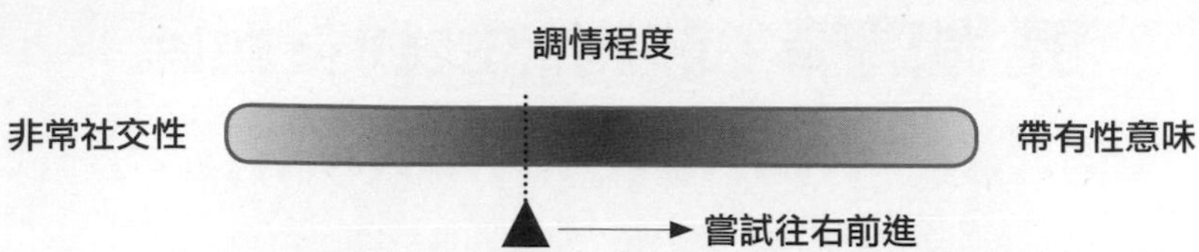


可是踏入「自在階段」，下一步是什麼呢？難道拚命想辦法出差，以求報支時讓她注意你？還是你應該去要 Line 或是 Wechat 嗎？或是索性直接約她出去？此外，對方的友善代表喜歡自己嗎？還是只是禮貌？我該去問她嗎？又，這是可以去告白的時候了嗎？

基本上，無論什麼狀況請避免走上告白之路。我知道，男生都想知道自己與女生的距離。還記得前一章提到，調情是量測距離的好方法。所以你該做的事情，是嘗試往「調情」尺標的右方前進。

# 調情、擊球與男女互動

男女親密關係的建立，很像在網球場上對練。兩人剛認識時，彼此沒有默契、你不知道她習慣的溝通模式、你不理解她對你的觀點、也不理解她想跟你建構哪種關係。所以最好的方式，就是男人主動當一開始球場上的發球者：以有點暗示、有點曖昧、有點調情的議題當成開球。

球打過去後，女生會根據你的狀態、條件、對你的感覺、信任感以及安全感等諸多因素，決定是否把球打回來。你長得順眼，她覺得你講話有趣、讓她感興趣，她就會在對話的過程中適當地回應。甚至主動提問、關心你、瞭解你，這些回應就是擊球回來了！

擊球回來後代表她想跟你交往？那你又太樂觀了。她擊球回來確實可能對你有好感，但也可能只是好奇，甚至只是友善。這你不知道，所以你必須再加強力道打回去看看。若她對你存有好感度，她就會接住你回擊的球，並再次拿

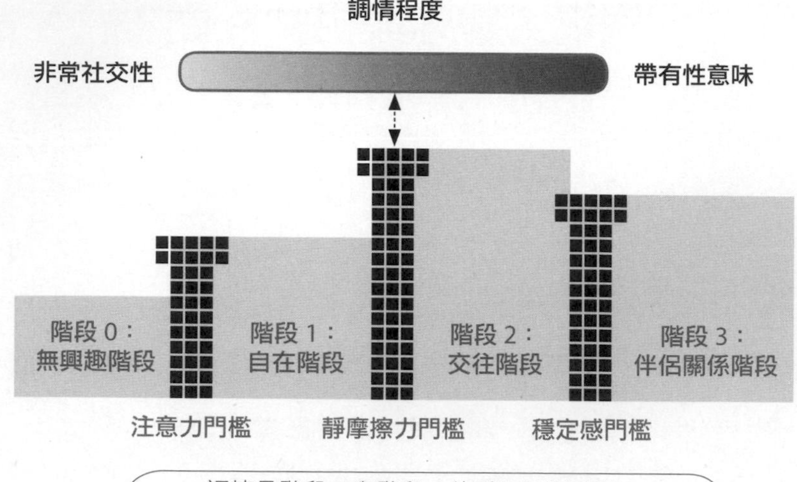


調情是階段 1 與階段 2 的重要量測手段。
隨著你們關係越親密，兩人能進行的調情行為
會慢慢往尺標的右端移動。

捏力道打出一個你應該接得住的回擊。你們若能這樣來回練打一段時間，默契、熱度、信任感、共同點就會慢慢建立。

等你確定兩人關係的強度穩固了，你可以繼續嘗試加強力道（不知道做什麼事情的，可以參考【附錄】感情熱度量測表），看看她怎麼回擊。她可能覺得被冒犯所以不接球，也可能直接往後退，那你就知道自己跑太快了。但她也可

能對於你引導的狀況默許，又回了個不重不輕的球。她有回應，就表示你的力道沒問題，那你就可以繼續透過這樣的擊球過程，慢慢引導整個過程走向一個平衡、但沉沒成本逐漸增加的關係。

## 調情是要讓女性主導關係的一種禮貌行為

男方因為通常扮演追求者的角色，所以往往比女方有更高的動機希望這段關係能轉為愛情。但在剛進入「自在階段」時，女方恐怕還只是抱持著可有可無的觀點，所以男人通常得努力拉近與女方的距離。

但很多男人以為所謂追求、所謂的拉近就好似獅子獵鹿，是在後面狂奔緊追不放以縮短距離。但在實務上，距離的控制權其實從頭到尾都不由男人控制，而在女方的手上。她喜歡你、信任你、感到足夠安全，就會願意讓距離靠近；但她討厭你、不認同你、防備你或感到不安，就會把距離拉遠。**你做為一個追求者，必須隨時調整力道。不能無腦拚命往前撲，不然最後可能落得無功而返。**

要調整力道，你就必須摸清楚目前的「安全底線」在哪裡。對方還沒準備好，你貼得太近或手直接摸上去，肯定好感度大減。可是對方明明暗示換了新的內衣，明示她今天可以不回家，你卻連手都還不敢碰一下，對方恐怕也會嘆氣無奈吧。所以靠得太近或太遠，都可能是問題！

你可以先翻本書【附錄】「感情熱度量測表」，並以其中的里程碑來當成你調情的重點。在不被討厭的範圍內，不斷地嘗試是否能進入下一個里程碑。每次突破一個，就繼續測試下一個。意思是說，每次達到一個里程碑，停留適當時間後，就要測試「是否還可以更靠近」。

怎麼測試？就是用力道強一些的調情手段試探。如果她反應是正面的，你就等於往前又站了一步。如果她不接球，或甚至不悅了，你就稍稍退回。只要步調掌握得好，並不會造成關係致命的影響。

像先前舉過讚美髮型的例子。她若噘嘴回應：「討厭啦，你都不注意人家，我都換髮型好幾天了耶，你怎麼現在才注意到！」你或許可以進一步地調情：「是我不好，這幾天太忙了，都沒關心妳。以後我每天都去妳的座位看看妳有沒有新變化好了？」

對你有好感且厲害的女生這時候可能會大笑，然後對你的問題不置可否。你之後沒事就真的去她座位轉一轉，跟她聊幾句，甚至偶爾帶杯飲料給她。每次過去不用停留很久，從數十秒到幾分鐘都可。她若看到你來，每次也都若無其事地放下手邊的事情跟你聊聊天，表示你往前跨進的戰術站穩腳步了，你可以再試著往下一個查核點前進。

當然，也可能之後你去找她，她只是很勉強地跟你聊，聊兩句就沒話講了。如此你也就知道，她前次的反應可能只是純社交的回應。不過也別悲觀，也可能因為你們兩人都不擅長聊天，以至於有點聊不太來。也可能她擔心上班時間老聊天會被主管盯上，所以有點放不開。或是當時辦公室人太多，她有點不太自在。總之，雖然你去找她反應不好，未必代表她不喜歡你。無論如何，當你覺得這條路不

順，你該往後退，不要繼續勉強硬聊。發現聊不下去，就趕快禮貌結束話題，找下一個時機再重新建立連結。

以上面的例子而言，或許下次在茶水間或走廊碰到她，再找她聊幾句，看她是停下來陪你聊天，還是急忙閃躲回去。這些行為可以看出她對你的態度，如果發現辦公室一堆人兩人聊得很尷尬，但周圍沒人卻聊得很開心，那問題恐怕就不在你身上，這時候，或許該去要 Line 或 Wechat，或是試著約她出去，而不是當眾調情了！

# 關於觀察與跟隨

調情這行為更具體地來說，其實有兩個執行上的重點：

・觀察

・跟隨

當你做出一個帶有調情味道的舉動，你立刻該開始觀察。觀察什麼呢？就是解讀女方對於這個動作的反應。舉例而言，你握她的手，她表情如何？緊張？慌亂？高興？安慰？這都告訴你某些訊息。

也因為你得隨時量測跟對方的距離，所以：**所有行動都得有觀察的目的。**無論是一句玩笑話、一個邀約、舉手之勞、一個暗示，都得有其意義。如果會混淆你的觀察，那這舉動恐怕就不好。

舉例來說，你想約一個女生，自己親自去約。這時無論對方答應出來或不願出來，都有觀察的意義。但若迂迴地找

她的好朋友代約，那她出來可能因為你、也可能是賣面子給好朋友，結果你還是完全搞不清楚她的看法，這就是不好的行動。所以，出牌之前要想想，這個動作必須要能幫自己增加哪些觀察的要點，不要只是讓系統一的直覺幫你思考。除非調情的結果證明對方沒到那熱度，才往後退。如果女方對於你的調情訊號有正面回應，你則必須「跟隨」上去。

所謂跟隨，指讓自己隨時保持在一個「正確的距離」。就像開車在高速公路上，你要隨時與前車保持一定的距離。對方開快了，你加速；對方慢下來，你也要慢慢地減速。

跟女生互動是一模一樣的道理。若你調情力量加太高，卻沒有得到正向反應，那你就該往後退。休息一段時間後，試著以減弱一點的力道再靠近一些。若這次對方沒有抗拒，慢慢再試著拉近。

比方說，你跟她常常出去玩，兩人開始有種在約會的感覺。她會餵你吃東西、叫你時會輕輕拍你，生氣時會佯裝要打你（且真的打到）。兩人感覺不錯，但作為一個男人，你當然不能僅滿足於此，你想更進一步。這時候你不能直接問「我們是什麼關係」，一問這種問題就殺風景了。超越開口的方式，就是找機會更進一步，比方說試著手搭她的腰。假設你發現她的反應不太自然，你就保持風度把手放開。冷卻這件事情造成的影響（後面會再提到冷卻的概念）。

等一段時間後，你要再以一個**較弱的調情方式**重新試探。比方說，回到手臂的接觸。拉她手臂指引方向、說話時輕拍手臂之類。若這些接觸她沒反彈，且看來已經習慣了，

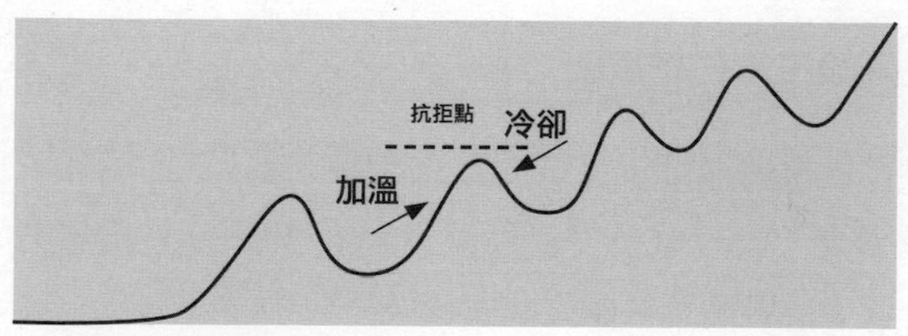


你可以慢慢再找機會試著搭她的肩膀甚至腰。

這概念如果畫成圖，就是以上這樣的曲線。你拉升這段關

係的熱度，並不是一股腦拚命地拉。而是透過觀察與跟隨來決定力道的鬆與緊，如此自己不會精疲力竭，對方也不會覺得壓力很大。

這是男人該有的體貼喔。每次感受到女方抗拒時，就稍微退回一點，不能讓對方有一絲被勉強的感覺。你願意主動退回，女生就算當下沒準備好讓你更進一步，也會冷靜思考是否對你累積到足夠的感覺。如果她準備好，願意跟上你的步調，下一次你就能把她的情緒繼續拉高。

如果你沒做錯事情，又一直展現了有趣性、內涵、價值，你就有可能把**溫度曲線**越拉越高，直到突破靜摩擦力門檻。

## 自在階段三大碰壁原因

很多男人開場很順利，也跟女人發展了還 OK 的關係。但一段時間後，女人似乎對這段感情沒有很熱衷，甚至開始躲避起來。這到底是怎麼一回事呢？

男人會在「自在階段」碰壁，通常源自於三個原因：

一、讓女人覺得不舒服或有壓力。

二、讓女人沒有安全感。

三、太急著推進關係，前期沒有建立足夠涉入度。

## 碰壁原因一：讓女人覺得不舒服或有壓力

有可能是男方追得太急；有可能是做出逼迫對方答應交往的舉動；有可能是過度採取感動策略。另一個可能是有些男生太好辯了。女生只是講講她的看法、抒發意見，男生也要講一番大道理。女生看了新聞雀躍地說：「合歡山下雪了耶，好想去看雪。」結果男生理性的分析上山的人會很多，雪沒什麼好看，或是其他一些掃興的評論。這些態度可能都會讓女生覺得無趣……若男生又缺乏其他吸引力，女生的注意力可能就慢慢轉移到別人身上了。

所以愛情順利不是只瞭解女方的感情模型就好，同步提昇自己也是很重要的。讓自己更瞭解女人在想什麼，瞭解女人渴望的刺激感、關懷、體貼以及陪伴的需求。**談戀愛需要理性思考，但不需要太多理性分析！**男人尤其要避免靠著打壓女人的論點來證明自己很聰明。若讓對方覺得跟你相處很累、很麻煩，一樣會讓這段關係觸礁。

## 碰壁原因二：讓女人沒有安全感

安全感這議題其實遠比表面複雜得多。很多男人總以為自己做到了「安全感」！但恐怕女生要的「安全感」跟男人以為的是完全不同的東西。物質需求以及生活安穩，會是女人在「伴侶關係階段」考慮的重點，但還沒跨過「靜摩擦力門檻」，女人關注的安全感，其實是另一個東西！

# 女人口中的安全感，到底是什麼？

或許你自問是個眾人眼裡的好男人：不抽菸、不喝酒、不賭博、不上酒店、生活單純、作息正常。有穩定的工作，下班就準時回家。收入或許不高、但也算可以。平時不亂花錢，薪水大多存起來。唯一的興趣可能是玩玩單眼、or 買電腦設備、or 看看漫畫、or 打打遊戲機、or 騎車、or 研究電腦、or 上網、or 逛資訊展。換言之，偶爾花錢在嗜好上，沒什麼太多花費。不講究吃，也不講究穿，衣服鞋子覺得保暖夠換就好，頭髮找百元理髮，始終不覺得打扮很重要。此外，你自認「專情」、「認真」、「正直」這幾個形容詞恐怕沒什麼人比得上你。唯一只缺沒有女生給你展現的機會。

每次碰到想交往的女生，你都盡一切心力討好。為了表現你對她的重視，你努力扮演「紳士」。毛手毛腳隨便碰人家這種事絕對不應該，甚至跟對方講話時都覺得該保持距

離避免褻瀆了她。為了彰顯尊重女生，所以去哪裡也好、吃什麼也好、你都努力詢問女生的意思。平時噓寒問暖不用說、買早餐送消夜、溫馨接送情、各大節日的禮物也好，你都盡心準備。總之，只要一通電話，你立刻辦到。

可是兩人若有似無地出去過一段時間，沒想到某天她居然對你說：「我覺得彼此不太適合。」逼問到底，她也說不出到底哪裡不對，只說，「我覺得你很好，可是就是覺得還有些什麼不夠。」你心裡莫名其妙，想說我這樣一心一意、老實專情守護在妳旁邊，到底哪裡還不夠？

你把自己的狀況拿去問其他的女性朋友，她們也都很訝異，覺得你確實很好，「一定是那個女生沒眼光啦。」或是很籠統地告訴你：「女人重視感覺，在意安全感。」但自己明明工作穩定、作息正常、沒什麼壞習慣、隨 Call 隨到，女生應該覺得安心好掌握，怎麼反而過不了「安全感及感覺」的大門呢？

女性所追求的「感覺」與「安全感」，其實不是一般男生以為的東西。大家得先瞭解女性對安全感真正的定義，這樣一來，你給予的東西才會對胃，以此設定進攻策略也才會奏效。

# 關於安全感的兩個時期

如前面提到，女性有三個情感時期。所以她們對安全感的需求也是如此。因為後兩者的要求比較接近，所以讀者也可以簡單分成「交往」與「長期關係」的差異。

女人在篩選結婚對象時，確實會著重於生活穩定以及小孩照護。這時，你的工作、收入、沒有不良習慣、每天早出晚歸這類作息與生活型態會是一個有說服力的吸引點。可是請注意，這些條件要到「決賽時」才有用。是最後讓女人在幾個不錯的男人間，挑出最好的最終指標。但要進入決賽，你得先通過「值得交往」的判斷。這時候，女性可是有另一個完全不一樣的安全感篩選器。

雖然女人可能不自覺，但其實她們極為看重初賽的篩選。就算是適婚年齡的女性，都會不由自主地這麼做。明明急著結婚，對方條件也不錯，可是女人並非立刻就結婚了，她還是會想在男方身上找到某個自己也講不太出來的特質——想要兩人先談戀愛，然後才跨入婚姻。如果男方沒辦法過開頭那一關，很多女性就會覺得，還是可以再看看。

換言之，除非你擁有極好的物質條件，否則想僅用平穩安適的形象來打動女性，是有困難的。就算她急著結婚，你也得先讓她覺得，你擁有「適合交往」的安心感。可是適合交往的安心感跟男方的穩定度或是聽話與否，並沒有很直接的關係。甚至在某些情況下，這類因子常常還是相互衝突的。

這就請容我從男女生活習性開始談起。

男人是一種較習慣於穩定的動物，女人從根本上是較習慣於變動的動物。以去餐廳吃飯而言，相較於女人，大部分男人較少冒險心，習慣點熟悉的餐點；女人卻普遍喜歡嘗試新的食物。大部分成年男人除非工作需求（或對增加收入有幫助），很少人會在晚上或週末特別空出時間去聽講座與上課；但女人普遍渴望多學些工作技能外的新知。男人一般很少變換穿著與髮型，一件外套可以穿十年八年；

女人卻容易因為心情或是季節而做不同的調整。家具擺設也是如此，男人定下來就很少想搬動、最好沙發茶几就固定在那邊；而女人總是一段時間想調整一下，改改位置、調調顏色、換換搭配等。「要有新鮮感嘛！」女人總是如是說；但男人在大部分的生活本質上是不太喜歡變動的。習慣反而讓男人安心。

也因為習性上的差異，所以當女人提出「安全感議題」時，男人會直覺從生活經驗開始推導，並認為自己若能提供某種「穩定不變」的感覺，女性也會因此感到安心。這也是被質疑「沒有安全感」時，男人會感到疑惑的部分。心想，自己明明工作穩定、女生也知道自己很喜歡她，每天下班很少亂跑、就在家裡打電動、沒別的女人（甚至可能根本也沒什麼朋友）、她說週末想去哪裡我就陪她去哪裡，難道不是很充分的安全感嗎？

但這些「特質」，有很高的機率最後會被女人認為是**單調、無趣**、**呆板**、**毫無生活情趣**的象徵。而女人口中的安全感，反倒是由下面三個條件之一所成立的。

## 條件一：危險但不危險的氣氛

女人其實喜歡進行「控制範圍內的小冒險」。一句話來定義，就是**「把我放在一個危險（或刺激）情境、但是不會覺得危險。」**就像是搭摩天輪或纜車，在一個充分控制的環境中，感受一份刺激。但這刺激不會損害到其他她所重視的事物，她會開心，也因此覺得興奮。

女性喜歡小小刺激的傾向，你可以從「風險 VS. 穿著打扮」的觀察上看出。治安好的地方，女性的穿著打扮傾向突顯自身「性的吸引力」：熱褲、短裙、絲襪、低胸、露背與突顯五官的妝扮。很多年輕女生喜歡自拍美麗又小露性感的照片放在 Blog 或是 Facebook 上，她們希望受到別人注目。被覺得美麗、被男人注目的感覺會帶來刺激與得意。可是這種刺激卻不會招致危險，畢竟這些看到眼睛發直的男人又不能真的對她們怎麼樣，只能吞吞口水而已。這是女生個人的小冒險。

但這種小冒險僅會在無風險的地方與時代進行。若女人處

在治安不佳的地區（或年代），就不會這樣了。她們會把自己包得緊緊的，盡量避免別人的注目。因為在那樣的環境，引誘可能招來危險。

如果你能為女性帶來一種「冒險的氛圍」。也就是沒有真正危險，或危險度因為你的出現而降低，就會因此建立你的「可依靠度」。最直接的方式，就是你個人的反差性。比方，你會讓人感覺到不安或難以捉摸（跟你相處好像有點危險性或覺得你很兇），但相處下卻發現你其實對她不錯。這種形象落差，是會產生安全感的！

冒險的氣氛很吸引女性！你周圍的女人若對過去的戀情存有痛苦記憶，會讓女人放不下的，很少會是一個好人或宅男，大多是理性上不該選擇的對象：有婦之夫、浪子、頹廢的藝術家、拋棄她的花美男等。很多女生都在看的《格雷的五十道陰影》，男主角可也不是安全的宅男。所以這很明顯地告訴我們好人宅男所帶來的「不變」，恐怕不是市場的需求，而冒險氣息對女性的吸引力比一般人所想像的來得多。當然我不是要你作奸犯科當通緝犯，而是要你在形象上不要這麼安全。這個概念有點反直覺：**不要讓女人覺得太安全，反而容易讓她們產生安全感。**

這段話若難以理解，請想想下面這例子。人待在一隻溫順的兔子身邊，會覺得兔子可愛，可是不會覺得兔子很可靠。若換成獅子，會感覺有危險的壓力。可是獅子對你溫馴聽話，對別人卻很兇猛，甚至會保護你，這時候你就會對獅子產生依賴感了。能有隻兇猛卻不會進犯的獅子待在身邊，當然很有安全感。

所以這例子告訴你，始終如一的乖巧溫順、隨傳隨到，不會直接連結到可靠度與安全感。相反的，要能提供「對比與反差」，再適度地引導出對你的依賴，才會讓女人覺得你很有安全感。

## 條件二：創造能帶著她參與的有趣環境

前面提到女性喜歡生活上的小刺激。但也請別誤會，這刺激感並不是去搶銀行、或顛沛流離到處流浪這種；而是讓她有機會體驗不同的人生、學習不同的新知、開拓眼界，

甚至單純就是讓她覺得好玩。這時候，你若是引領的人，在她感受刺激的同時，也感受到有人帶領（或是照顧）。這幾個條件成立下，也會產生安全感。

大家可以回想一下學生時代的社團。就算是冷門的社團，如果有女團員加入，最後很高的機率會跟社長或是其中最強的社員交往。背後的原因就是帶她進入新世界的引導力。當女生對某議題有興趣、想踏入那個世界，剛好又有人很懂能引領，這個讓她放心追隨的人，自然就讓她產生安全感啦。這是安全感模式中最容易運作的一個環境。

另外說明了為何學生時代的情侶畢業後很容易面臨分手。女生出了社會工作，但男生跑去當兵。女生覺得自己變成熟了，而男生還是個毛頭小子。只要女生素質不差，很可能會有同公司的男生開始追求。這些男人可能年紀大些，可以教她工作方法、進退應對。如果是階層比她高的主管，可能會帶她在外面跑、甚至帶她吃些、買些、看些學生時代負擔不起的東西。

如此一來，她藉由這個人看到了新世界，感受到了刺激、興奮、拓展了眼界、感覺被引領與照顧。這些興奮與開心所帶來的震盪與冒險性，不需要她擔心任何事情，因為身邊的男人帶領著她：滿滿的安全感就此產生。她回頭看自己的男友則好似沒什麼成長，甚至變笨了，放假回來唯一的興趣可能只是親熱。兩相比較下，高下立見。新的男人若還稍微有些追求手段，不轉念才奇怪。

## 條件三：環境造成的心跳加速

第三個會投射安全感的狀況，是讓女性處在情緒高昂、心跳加速的環境。女人的情感較直覺，一般不太會分辨「怦然心動」與「心跳加速」的差異。很容易會把心怦怦跳的感覺，轉化成某種好感投射在當時周圍的男性身上。所以下面這句話就重要啦：「心跳加速的效果不一定需要直接來自於你個人的魅力。只要在那樣的環境，你也能繼承環境帶來的效果。」*

比方，你跟她一起做某件驚險的事情（陪她一起上臺表演）。兩人都很緊張，她緊張到心跳加速。但你在她最緊

張的時候陪在旁邊，不時給予微笑。事後她會把這份緊張感、以及你伴隨在旁的經驗，一起變成某種「安定感的印象」留在腦中。

如果多有幾次這樣的經驗，她就會潛意識地覺得你是個可靠的人。好玩的是，你其實什麼都沒做，只是因為環境因素而自然得到好感值。另外可遇不可求的狀況像是，兩人一起逃出火場或是處在災難環境，都能帶來很高的依賴感。

---

*註：1974 年，唐納德 · 達頓（Donald Dutton）與亞瑟 · 艾倫（Arthur Aron）在溫哥華的卡皮藍諾吊橋做過一個類似的實驗。讓陌生男女一起走過吊橋，測試感覺受到對方吸引並跟對方要電話的比例。結果走吊橋的男女要電話的機率約 50%，對照組：走安穩小木橋的男女，則只有 15%的人跟對方要電話。表示大部分人無法分辨心怦怦跳到底源自於緊張還是戀愛。雖然無法分別，但情緒還是會錯誤歸因投射到旁邊的人身上。

# 實質的穩定難道真的沒用嗎？

當然，一定有人會反駁，周圍也是很多男生靠著買早餐、送消夜、溫馨接送，以及穩定不變的奉獻而抱得美人歸。難道男人工作穩定、好捉摸，扮演一隻呼之即來揮之則去的召喚獸，真的不能帶來安全感嗎？

講完全不能是不對的，這伎倆確實有其效果。但這卻會帶來另一個問題：**你很容易進入備胎位置。**

萬一過程中出現一個能帶來更高刺激度的男人，極可能一下子就把她搶走了。那些靠乖巧溫順招式贏得勝利的男人，不是因為這方法很棒，通常只是「沒人來搶」，或是「沒有出現更有吸引力的男人」而已。

這類故事周圍很多。女生交了無趣的男友，可是這男人工作穩定又聽話，於是食之無味，棄之可惜，實在雞肋一枚。但因為他很殷勤，所以沒理由分手，就先留著，也不排斥

再認識其他新男人。平時可能對雞肋很兇、很冷淡、老有不合理的要求，就是想試探雞肋的極限。等到某個年紀沒有找到更好的男人，才會死心跟雞肋結婚。

你看，這等於把結果交付給命運，這絕非好的策略。事實上，就算最後結婚，長期也可能紛爭不斷。**以女性而言，不是她真心覺得心悅誠服的對象，總會露出不滿。**

所以呢，當溫馴的召喚獸肯定不是有利的手法。你只是她出外冒險背後的救生索。她找到更好的，就會把救生索砍斷；若沒找到好的，才會回頭安全降落。就女方而言，採取這策略完全合情合理，也是必然的選擇。但對採取這伎倆的男方就未必聰明了。你可能小心呵護一段情，女方所有合理不合理的要求都盡量滿足，但你不是跟對方的心理認知搏鬥，而是跟**命運搏鬥**。沒人追她，最後你贏；有人追她，你極可能就輸了。

以上是關於女人不安全感的重要知識。接下來，我們就再回到前面提到為何開場順利但進行中會碰壁的第三個原因。

## 碰壁原因三：太急著推進關係，前期沒有建立足夠涉入度。

涉入其實是個行銷學概念，主要在談購買動機以及動機背後的一切驅動力，包含廣告、促銷、品牌形象、消費者的自我需求等議題。

一段從行銷學教科書上剪貼來的定義如下：涉入是一種心理狀態，其強度受到某事物與個人需求、價值觀及欲達成目標，在特定情境下的相關程度所影響。當相關性愈強，認知到的自我攸關程度愈高，涉入程度亦隨之加深，進而產生一連串關心該事物的後續行為。

不過這本書畢竟不是要談行銷，所以大家理解到這程度即可。就「追求」這件事而言，跟涉入理論相關的是「情境涉入」和「持久涉入」。

「情境涉入」指的是人因為訊息、環境影響，或是特殊情境的刺激所提升的關心程度。**創造出一個對的情境有可能讓他人意亂情迷。**可是缺點在於，一旦離開那環境、或是情境刺激不再，關心程度也可能消逝無蹤。

比方不喜歡籃球的我，年少時期曾經看《灌籃高手》漫畫而跟朋友打了好幾次籃球。可是隨著漫畫看完，籃球議題很快從日常生活中淡出，又回復對籃球毫無興趣的狀況。這是所謂「情境涉入」造成「暫時性的關切心理」。感情也有所謂的情境涉入。有人去異國旅行，因為浪漫的環境而跟認識不久的異性產生情愫。可是回國後，去除了這些情境要素後，往往發現整個味道就不對了。兩人語言不怎麼通、習慣、風俗、價值觀都差異很大，根本沒辦法深入交往。這就是情境涉入造成的意亂情迷。

「持久涉入」指的則是個人因為「內生性需要」而對議題產生的關切性。「內生性需要」就是內在自我的需求，包含了價值認同、興趣、主動需要、個人目標，甚至過往經驗的熟悉感等因素產生的關切。這類需求因為發自內心，是當事人**本願的關切**。就算客觀環境產生變化，關切程度也可能延續下去。那些真心喜歡籃球的人，就算搬去一個周圍人都討厭籃球的環境，他還是會喜歡；而且這興趣可能會一直持續下去。

所以，你若要讓一段感情長久，就得讓你的對手產生「自發性」的「持久涉入」，這也是為何我並不講什麼追求手段之類的技巧性東西，甚至我還提出「長期關係不該靠追」的論述。因為那類追求手段，只能產生情境涉入。除非你有把握長期維持這樣的情境，否則必然會隨著狀態變動而失去她。兵變、畢業後的分手潮，都是源自於環境變化下造成情境涉入的瓦解。

你若覺得這段文字太抽象、太行銷管理了，簡單的白話就是：**你若要一段穩定的長期關係，你就得讓對方覺得這段關係「跟她有關」。她必須「主動希望」從這段關係得到某些對她「有價值的東西」。**

唯有這段關係讓她覺得重要，想把渴望寄託其中，那她才會不斷投入。她在關係上的「投入」會拉升她的熱度，她的「投入」還會產生更多的渴望，引領她投入更多。當這樣的正向循環展開後，這段感情才能平等、正常的延續長久。

簡單的概念類似這張圖：

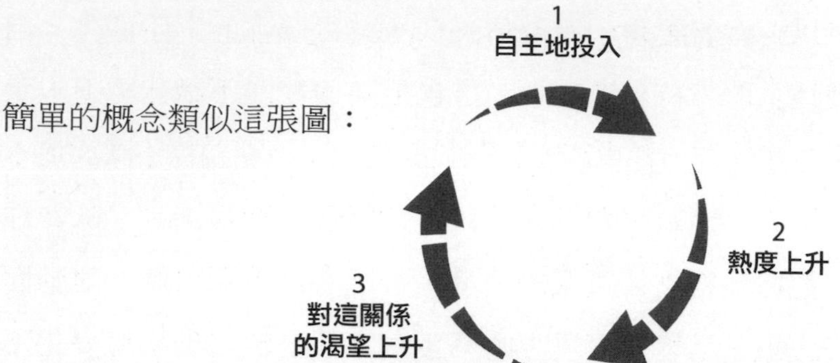

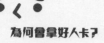

如何產生持久的自發性呢？我的建議是，你必須在兩人相處的過程中，不斷創造出「IKEA 效應」。「IKEA 效應」概念最早是由 Michael I. Norton、Daniel Mochon，以及 Dan Ariely 所提出。

IKEA 這間瑞典起家的家具店，賣的是設計感偏重、品質一般的家具。但他們能做到全球化的其中一大關鍵，在於 IKEA 讓購買者「必須投入勞力」在家具的取得上。首先，客人得花時間挑選，然後自己到 IKEA 既大又複雜的倉庫，對著號碼一個一個把家具零件找出來、搬上推車、拿去結帳。這還沒完。好不容易客人把家具零件載回家，他們還得閱讀說明書，拿出螺絲起子以及扳手等工具，辛苦大半天才能把家具歪歪扭扭地組裝起來。

照理來說，這樣歪歪扭扭的家具應該很容易被丟掉才對？可是實則不然，很多人會對自己動手組的家具，投射更高的情感，甚至高過那些高級家具。這是因為在辛苦組裝的過程，辛勞會被轉化成感情。「這是我做的」那份情緒，會讓人給予家具較高的價值。也因為有這份**「是我做的、屬於我的」**情緒，就算家具品質普通，心裡的感受還是不一樣。一年半載之後櫃子刮花了、椅子歪了，你還是覺得意義不凡。若以一句話來描述「IKEA 效應」，就是：**「投入的力量越多，越增加人們對於工作成果的感情。」**

大部分拿到好人卡的男人都會犯的一個嚴重的錯誤，就是他們創造出一個「單方面」付出的環境。他們埋首投入心血，誤以為努力到某個門檻後，對方認同他的努力就會等量回報。把自己搞得很辛苦，卻讓女人什麼事情都不用投入。結果剛好在心理學上，創造出了完全不利己的狀況！

**如果你不能讓對方有「想為這段關係投入心力的意願」，**

**基本上這段關係永遠不會有充分的基礎。**若只是單方面地給予，做出各類「希望女生感動的事情，以求女生瞭解自己對她好」，你其實是在「拉遠」對方對你的好感。

常收到好人卡的朋友一定碰過女生跟你說：「別對我這麼好。我知道你喜歡我，可是我們是不是可以先當朋友慢慢來？」這其實是女人一個善意且重要的提醒。她試圖告訴你：她跟不上你的腳步；她知道你很喜歡她，可是她卻沒有相同的情緒。

願意這樣講的女人，至少對你還有好感，只是還沒辦法說服自己跟上來。至於那些對你連好感都沒有的女人，她們會更直接地跟你講：「我們不能只當朋友就好嗎！」

大部分女人不會隨便占人便宜。她們希望跟你站在一個公平互動的人際關係上，當她覺得無法跟上你投入的熱情程度，她會直接提醒。這時候，成熟的男人應該放緩腳步、體貼對方，重新建構你的接近策略。

可是大部分男生不是這麼做。他們誤會這段話的含意，心想：「妳是覺得我還不夠努力吧？」然後又繼續做很激烈奉獻的事情。偏偏嘴上還要故作大方：「我是自己想做的，妳不用回應也沒關係喔。我只是想努力對妳好。」（通常再配上一個悽慘的笑容）

可是，這種自以為是的付出、搞淒美的手段，反而加深女方的壓力。你犧牲越大，女人越覺得跟不上你的步伐，甚至覺得你在逼迫她、威脅她。當這種被拖扯、被逼迫的情緒升到最高點時，她們會對你產生**反感**、更加不願意跳入這段關係。

此外，「是我自己想做，妳不用回應也沒關係」這種話，任誰也知道是騙人的。男生會做這些犧牲，就是希望女人將來有所回報。當時間一長，男人始終沒有得到回應，就會開始妄想與要求，兩人衝突也會越來越多。爭執點常常都是男方覺得「妳不在意我，明明可以多分些時間給我卻不願意」。而女方則覺得「我不是老早跟你說當朋友，你也願意了，現在是要怎樣？」最後女方不願意再承受這種

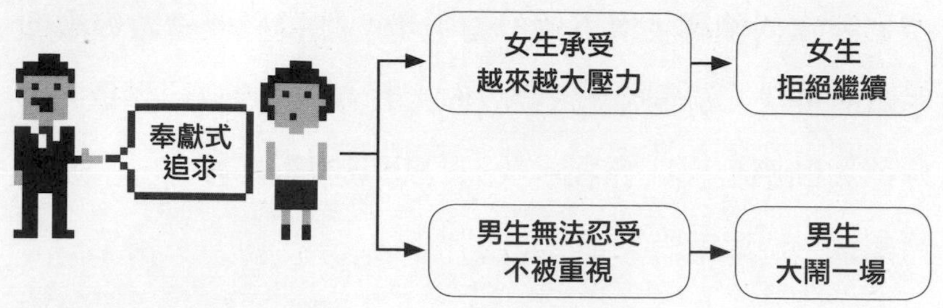


一面倒的壓力，注定只能發卡以求逃避與解脫。

另外，長期挫折也可能引發男人的攻擊性。持續處於委屈的狀況無法如願，最終男人也可能以大鬧一場告終。無論是圖中哪個路徑，不都抵觸你一開始的本意嗎？一開始你其實是希望好好愛護這個女人，可是錯誤的策略下，反而讓你傷害自己也造成別人困擾。所以最好的方式，就是不要讓自己在起點上走錯。

但到底該怎麼觸發 IKEA 效應呢？下面這句話是關鍵了，也是一般好人想都沒想過的事情：**你要讓一段關係成功，關鍵不在不斷給予，反而在於「敢要」。**唯有敢要，你才會創造對方的 IKEA 效應。

不過我也要強調，「敢要」並不是叫你直接要求對方跟你發生關係、也不是要你命令對方。「敢要」的真正意涵，是讓女方在你的引導下，對這段關係有所「投資」。

一個簡單的起點，就是請她幫你小忙。你想接近班上的女同學，與其告白或送花寫情書，還不如跟她借上課筆記。「我上次打球骨折所以某堂課請假。我知道妳的筆記抄得很整齊、整理得很完整，字又漂亮，我可以跟妳借上課筆記 Copy 嗎？」像這類要求，只要她對你沒有惡感，大部分女生應該都會幫忙。這樣做的第一個好處在於：你肯定她的筆記，其實會間接地提升她的自尊心。

第二個好處，心理學的研究證實，**我們會喜歡那些向我們尋求幫助的人。**因為幫助別人有助於我們建立正面的自我形象，所以大部分人不會排斥提供舉手之勞，更會因為提供協助而感到高興（所以助人為快樂之本是有道理的）。

第三個好處，在於你有個建立關係的連結點。當你借了她的講義 Copy 後，過幾天回送個飲料點心感謝她，不也

就是開始有來有往了？她借東西給你，喝你一杯珍奶，她不會覺得受之有愧。之後你找她聊天，她也不會覺得你是陌生人了。

這甚至可以演變成某種習慣來制約她。比方，後續每週持續回診，以至於那堂課無法去。持續借筆記成為一個可預期的常態，會讓她對你產生「習慣感」。她可能會開始想：「既然常常要借你筆記，筆記可能得寫得更端正些、更有結構些。」甚至每次見到你，你還沒開口就主動拿筆記給你。

這是一種「共謀」的情境：你們兩個有共同達成一件事情的親密感。當她為了「讓筆記更端正」，其實就是對這件事情投入了用心（IKEA 效應）。雖然她很可能完全沒意識到，起點也不是因為喜歡你或是愛情才努力寫得更端正，可是過程中所有投入的心力，都會轉換成關係上的基礎。

接下來，你若試著在借筆記以外也談其他的事情，找尋兩人心靈上的共通點。偶爾回報她順便請吃幾次飯，兩人在這過程中若持續談得來、搭配談笑與調情的力道測試，很可能一段感情就此展開了。

當然，你也不可能借筆記一輩子，所以當感覺進入「自在階段」，你就得用別的方式持續保持連結度。無論如何，這些方法必須有規則性（如定時通話或 E-mail），此外也要讓她在互動的過程中投入一些力氣。不需要是什麼大投入，可以很簡單，舉手之勞的小事。

像是約她吃飯，可是地點請女方安排甚至訂位。約看電影，請女生幫忙查時間場次。約會時你排隊買吃的，請她去買飲料。不要都是你去找她，偶爾請她來找你。偶爾請她幫你帶個小東西，像是趕功課或加班，請她幫忙買便當之類的，或是請她幫你打電話聯絡什麼事情。這些事情不困難，偶爾提出別人不至於覺得為難。但好處是，對方因為「有對等的參與」這段關係的建立過程，而非只是一個旁觀者；最終她會習慣跟你以一種平等、互相給予的相處方式持續下去。

反過來說，很多男人會犯的錯誤，是覺得一切都應該自己做好。約會前做很多功課，去哪裡怎麼走都要自己主導。約會時買東西，請女生坐著等自己到處奔跑。以為什麼事情都不麻煩女方是一種貼心，以為這樣才 Man、才紳士。可是女人不會因為無所事事而愛上你，她們只會在結束後對整場約會毫無重點記憶——因為她不是跟你分享整段過程的努力，她只是觀眾，只是看你表演。

所謂相愛，不是因為女人覺得你事情做得好而回應你；這不是愛，尤其不是女人期望的愛。相反的，她們希望碰到某個值得的人，**讓她們渴望投入心力，讓她變成一個「比原來更好的人」。這種能激起她「渴望投入心力」的動力，才是吸引女人、讓她們心折的重點**。對女人而言，能讓自己不斷付出的感情，將會讓她們更想付出。

以馬斯洛的需求三角形來看，你若滿足的是一個人的低階欲求，如生理需要或安全需要，那你只是滿足了所謂「匱乏性欲求」。匱乏性欲求的特色是只要獲得滿足，更多的提供就不再有價值了，會有邊際效益遞減的問題。飢餓的

人若吃飽，他就不會再追求食物了。寒冷的人獲得足夠的衣物，也就不需要更多衣物了。想要禮物的人獲得禮物了，那你也沒價值了。若你提供的都是這些，遲早會被拋棄。

要能維繫一段良好的關係，必須要讓對方從中滿足那些更高層次的滿足，如歸屬感、尊嚴，自我實現。也就是馬斯洛所謂「成長性需求」的部分。這類需求被滿足時，並不會發生邊際效應遞減現象；反而滿足了，你會想要更多。寫作受到大家讚賞，會想寫更多。工作上的成就感，也會讓我們想挑戰更難的案子。情人也一樣，若她覺得跟你在一起，她得以變成一個更好、更有貢獻、更能照顧別人的人，她會愛你更多。

你要跟一個女人發展長期關係，你不能只是給予。你要透過力道合適的要求，讓她感覺她在貢獻某種價值。這會引領她的成就感、自我價值的肯定、自尊的增長、甚至自我實現。這是 IKEA 效應的根源。唯有如此，你才能把她對這段關係的起點，由外部動機轉移到內部動機。這也是長期關係延續的最根本基礎。

「敢要」是讓兩人關係平等，強化對方投入心力的必要步驟。女方覺得你要的太大，她會拒絕你（這時只要不繼續逼迫通常也沒事）；但你若要的恰到好處，女方試圖回應你的同時，會在心理狀態上把自己的涉入度往上提升。如此，你才能讓自己跟對方處在一個平等互相給予的位置。若你不敢要，只是一味付出，當搖尾乞憐的哈巴狗，最終是沒有女人會喜歡你的。

【戀愛管理第五堂】

# 從友情起步
# 不要走苦情路線

—— 放輕鬆、減壓力，
感動其實是危險策略：
從「自在階段」
轉入「交往階段」2

其實你不懂她的心

你是個好人，

但……我們不適合，

我一直把你當做

愛情戀不拿卡

得避開錯誤策略

我覺得我們

我不要當好人

不適合

戀愛要成功，

八件絕對不能做的事

「心的距離」

為愛往前飛，

學會散著陸

情人節

那是什麼東西？

可以吃嗎？

步步為營

經營愛情！

感情熱度量測表

其實是負面形容

這是

請收下！

兩性普適用

為何會拿好人卡？

我們不適合

你是好人

愛你愛我

我們愛這個錯？

其他重要愛情知識

一直把你當做

情人節

我不要當好人

那是什麼東西？

延續我在【戀愛管理第四堂】一開始講的一個情境，你對公司負責差旅核銷的女同事很感興趣……

**某次你拿單子過去給她，看到她在收集便利店的點數貼紙。之後你拿到點數貼紙時，只要經過她座位就會順手給她。她都會很高興的謝謝你，跟你聊個幾句。可是公司空間開放人很多，聊天也不能太深入。所以你想或許該試著約她出去，創造兩人獨處的環境。**

這時候，你會如何進行？

有人可能會這麼回答：「先去訂五星級飯店的昂貴牛排餐廳，然後約她去吃飯。」

不過，我得說，除非女生對你的好感度很高，或女方其實也默默地喜歡你很久了，不然這樣的邀約方式，應該有滿高的機率被婉拒。

為何這樣的邀約會有高拒絕率？原因我稍後說明。我想先繼續談的是，對男生而言，邀約被拒絕可能也沒什麼大不了，大家多少都被女生拒絕過。被拒絕後最重要的是要想

想到底錯在哪裡。很多人苦思半天，可能得出一個結論：「一定是誠意不足！要成功約到女生，恐怕要多些巧思才行。」

講到巧思，男生可能又會想到，「對了！聽說她很喜歡○○樂團！」

「最近○○樂團要來臺灣表演，聽說票很難買！要是我能買到票邀她一起去，她應該會被我的誠意感動吧？」男生可能越想越得意，興奮地打算付諸執行。打聽一輪後發現，門票可不比江蕙的演唱會好買！要買到票必須熬夜排隊。熬夜排隊聽起來很辛苦不是嗎？但這種辛苦不會打退有心人，甚至這麼困難的「門檻」恐怕還讓男生得意。心裡盤算著，「如果是這麼艱苦買來的票，對方應該會感動到熱淚盈眶啊！搞不好她看到我拿出票，就立刻投入我的懷抱了！」

男生越想越興奮，就在寒流來臨的前夜跑去賣票處徹夜排隊。受涼感冒、一夜沒睡、加上花了重本，終於買到了兩張第一排的票。心想：「嘿嘿，拿著這個精神與肉體上都受盡折磨的演唱會票去邀約，一定能成功邀約了吧？」但我得很遺憾地告訴你，如果你真的把上面這些事情都做全，並以此展開第二輪邀約，倒是讓你的**「被拒絕率」**提高到九成以上。

欸！花了這麼多代價，應該提高成功率啊？怎麼反而提高了**被拒絕的機率**哩？到底是怎麼回事？

在談原因之前，我想岔題談一個「心理學」的概念。羅伯特・席爾迪尼（Robert B. Cialdini）是一位美國知名的心理學家，他有本非常有名的著作叫做《影響力：讓人乖乖聽話的說服術》（*Influence–The Psychology of Persuasion*）。書中他提到一個概念叫做「互惠原理」（Reciprocation）。「互惠原理」的概念大概是這樣的：**當別人對我們友善、給我們任何好處，我們會希望做些什麼來回報對方。就算當下沒辦法提供，我們也會覺得有「義務」將來回報對方。**

之前我們提到過「演化穩定策略」（ESS）的概念。事實上「互惠原理」也是一個深植基因的ESS。最早起源可以追尋到遠古的穴居人時期。穴居人時期，是人類必須共同努力才能存活的環境。打長毛象需要一群人同心協力；採果子、找柴火也是集體力量大。今天我運氣不好沒撿到果子，你分給我幾個讓我活下來。下次我採了比較多的果子，也會投桃報李。當大家都覺得其他人會在受難時保護自己，社會的概念成形，而群體的生存機率也會提高。而當生存機率提高下，這群人的後代更容易留存下來。因為父母有這樣的思維，存活的後代往往也會帶著這樣的基因特性。

但反過來，如果我是個不知道感恩的傢伙，基因中沒有打算回報別人的意識，每次都占別人便宜。慢慢地其他族人不再給我果子，最後我以及我的後代可能就餓死了，跟我類似的基因也會越來越少。換言之，幾千年的演化過程中，不懂「互惠原理」的基因相對較難存活下來。我們既然都還活著，表示我們腦中都帶有這樣的程序。也因此，**在接**

**受別人好意後，我們會自覺有義務做些什麼償還。**

既然互惠原理根深在我們意識中，那前面提到買演唱會門票的方法，不就完全正確了？但我得跟大家講，就是因為「互惠原理」，才會提高被拒絕機率！

# 互惠原理的司馬昭之心

大部分男生雖然不知道羅伯特 ‧ 席爾迪尼這個心理學家，但會以高價餐廳、昂貴禮物、或是演唱會門票當邀約或追求的出牌方式，隱隱約約背後的想法其實就是期待對方能被自己這樣大手筆的投入感動。男人心想：「我買了這麼貴的票，她收到應該很激動吧？應該就能順利約出來交往了吧！」

這種心態其實是司馬昭之心。你知道、我知道，女方當然也知道。既然你**所有邀約的背後，都需要她日後償付某種代價。**女人當然會對邀約顯得謹慎。當你試圖啟動互惠原理的心理戰，「好女人」不會一下跳入圈套，反而會先浮現**「責任問題」**。

換句話說，如果她覺得對你的認識還不夠，對於你這個人的性格條件尚有疑慮，還不確定你是否能讓她安心，她為何要「授人以柄」？吃牛排也好、聽演唱會也罷，這些都不是她出不起的東西。萬一日後與你有了紛爭，拿人手短，豈不是自找麻煩？

至於加碼徹夜排隊，弄得生病受寒才買來的昂貴門票，更是把狀況推到極限。女生更要擔心，若拿了你如此犧牲換來的禮物，這豈不是真得要以身相許了！

所以在她還不夠喜歡你，或是還沒有足夠的好感前，你「豪華的開場」就創造了唯一解：「為了避免後續麻煩，最好的選擇就是不要冒險跟你出去。」換言之，當你把初次邀約弄得很「正式」又「昂貴」，成功約對方出來的機率反而大幅降低了。

這時候，男人若沒搞清楚問題就在於自己**太有誠意**了，還試著增加金額、搞悲情、親手寫信寫歌、做卡片、做禮物、做壯烈的事情，像報紙報導有人環島表白、買千朵玫瑰跪在大眾面前、或是其他想靠感動達成目標的舉動，其實都是「把對方推得更遠」。在她還不夠瞭解你的情況下，你出手的力道越重，就表示她進入這段關係要承擔的責任

越大。適合長期交往的女人對此絕對有顧慮，你幾乎必敗無疑。

看到這裡，有人肯定疑問：「很多女人故意讓人覺得難追，想說透過觀察男人的誠意來決定。我若沒有一開始下重本，不就被這種篩選機制篩掉了？」我的建議是，大部分適合長期交往的女孩，不會根據你買多貴的禮物，或是請她吃什麼大餐來決定是否跟你出去。她們固然需要看到你的誠意，但可以等熟悉後再慢慢展現。若你一開始就胡亂下重本，好女孩會有疑慮，反而容易讓你陷入兩種不利的狀況。

**不利狀況一**

第一種不利的狀況，是碰上那種覺得不拿白不拿的女人。她們覺得「有免費的好東西，我幹嘛不拿」？確實有女人只看男人邀約的場所或是禮物的金額來決定跟誰約會。但這樣的女性通常不會考慮日後如何償付，可能壓根兒也沒打算跟你交往，就先樂陶陶地跟你去看昂貴的演唱會，或吃了你的牛排大餐。

### 不利狀況二

這樣的女生最後真的沒跟你交往還沒事，你就只是損失了金錢浪費了時間。怕的反而是她真的跟你親近起來了。這時候，請問到底她是喜歡你，還是喜歡你的利用價值？這恐怕是你怎麼也搞不清楚的謎團。

就因為禮物開局可能有這麼不利的狀況，我個人的建議是，**絕對不要讓禮物變成吸引對方的關鍵。**畢竟一段穩固的長期關係，清楚知道對方喜歡你，其實是很重要的一件事！如果總是想著要讓別人欠你恩惠的開局法，來換取交往機會，只是把自己放入一個逆淘汰的環境。所謂逆淘汰是說，好女孩怕欠人情，一開始大都拒絕邀約。可是那些為了禮物而約會的，很可能最後也不會是合適的交往對象。所以起手方法不對，等於是一開始就把自己放在一個非常不利的位置。這時候該怎麼辦？就是要小心開局的模式！

# 好的開局，決定日後相處的模式

有些男人把「女人答應出來」給予過高的權重，甚至以為單獨出來就代表兩人交往了，以至於過度重視第一次約會的形式與內容。患得患失表現不佳，也可能太過慎重搞得女方不自在，都會降低後續的勝率。

我想跟大家分享的概念是這樣的：第一次單獨約會的慎重度請不要過度放大。不過就是用來測試**「兩人獨處是否能自在的互動」**而已。我相信大家可能都有類似的經驗：一堆人的時候，跟這女生很有話聊。可是兩人獨處時，整個氣氛就不對了。對方明明很美，可是你就是不知道要講什麼、好像很難找到共通點。她很緊張、你很緊張，於是兩人氣氛又冷又尷尬……

所以我的建議是，第一次邀約不要過分慎重，甚至試著讓第一次的獨處不像約會。不要弄得很刻意、不要搞得浪漫無比、不要準備太多「有約會味道」的內容。不要獻上大束鮮花、送等身高小熊、請小提琴桌邊演奏、誇張的排場之類，這些行為在第一次獨處恐怕都太過頭了。

盡量讓整件事情平凡、消費金額適中、去平凡的地方、甚至臨時起意都無妨。不過臨時起意要成立，最好兩人之前已經有所交流，而不是兩人明明還很陌生你卻唐突邀約。一個簡單的範例：你們是同事，某天兩人加班很晚。你出去吃飯時「順便」問她要不要一起去。然後找附近還不錯的簡餐店，重點畢竟不是吃，而是看看能不能順利聊天，加深她對你的印象。有了幾次這種「順便」的獨處之後，才再慢慢讓事情更「慎重」。**千萬不要把女生答應跟你單獨出來當成交往確認。約會的目的，僅僅是能在一個不受打攪的環境，透過輕鬆的互動來瞭解彼此！**

若對方跟你還不熟，你就把第一次邀約弄得像非她不娶，對方可能會害怕、也會備感壓力。太多外在因素干擾下，她無法放輕鬆心情認識你，也可能擔心之後面對「互惠原理」無力償付，就裹足不前了！相反的，若你能避開那

些讓她擔心的行為，讓對方能專注與你互動，反而對你更有利！

我的觀念是，男人要盡量讓女性在「整個被追求的過程中」覺得你有趣、生命豐富、有價值，覺得跟你在一起好玩、開心、放鬆。（當然，你也要有同樣的感覺才行）與其花時間想著要搞什麼表演或砸大錢，還不如多花心思讓獨處的過程輕鬆、無壓力、好玩有趣、讓對方察覺跟你在一起的樂趣。附帶的好處是：將來對方若跟你交往，可以確認她是真的認同你這個人，而非只是被一時的情緒給迷惑了。

總之，你在「自在階段」必須讓女生持續接收到一個隱含的訊息：「我覺得跟妳很談得來，願意與妳分享我部分的生活時間。不過我不會給妳壓力，妳可以自由選擇要不要跟我相處、何時相處、花多少時間相處。妳願意跟我約會，我很高興；但妳不想來也沒關係，我還是有正常的生活要過。」

若抱持這個態度，女人就能毫無壓力地慢慢認識你，也有

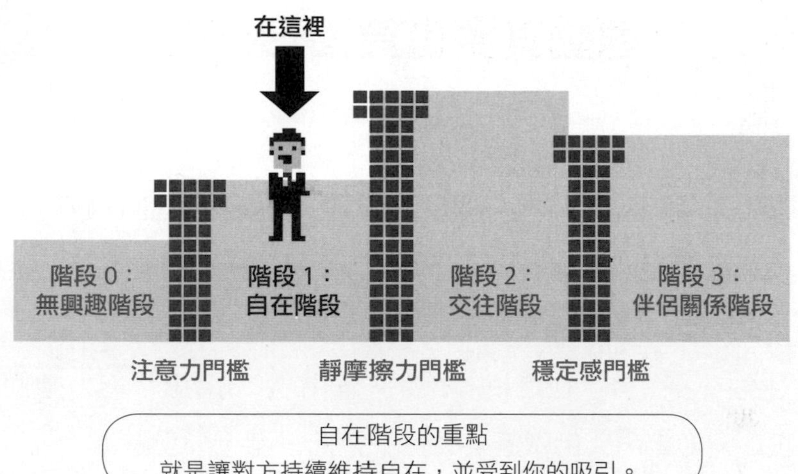


自在階段的重點
就是讓對方持續維持自在，並受到你的吸引。

機會對你產生好奇，才能讓兩人的關係健康地從「自在階段」轉移到「交往階段」。而且，當你不逼迫，就算最後轉換不過來，兩人還是可以當好朋友。這種好朋友才是健康的好朋友；那種吵鬧分手還勉強當好朋友的，則是虛假的好朋友。

# 感動其實是負面形容詞

讓第一次約會平淡還有個目的，就是降低男人直覺想用的「感動策略」。事實上，感動策略是大有問題的！甚至當女生說出:「這男人讓我很感動！」有時還是負面的形容詞。對女孩子而言，在還沒有跨過「靜摩擦力門檻」前，她們跟朋友形容男人倒數過來的排行榜前三名，分別是：

- 他很噁
- 他是個好人
- 他讓我很感動

最負面的形容詞是「噁心」應該不難理解。通常會用到噁心，表示女生是討厭這個男生。當女生對男人根本沒好感時，女人會這樣形容：「那個男生好討厭喔，每次都盯著我的大腿看，好噁！」B 女：「對啊，我也很討厭他。看到他就覺得很噁心！討厭死了！」

通常會被評論成噁心的，表示根本連「自在階段」都還沒跨入，如果女生對你抱持這樣的形容詞，那也不用費心追求了。人家躲你都來不及了，無論聊天或幹嘛，碰到鐵板的機率是100%。唯有想辦法慢慢改變她對你的觀感，不然做任何事情都是砲灰。

女人形容男人第二負面的形容詞則是「好人」。這在十年前可能沒有很多男人相信，但現在應該是人人皆知的常識。好人表示**沒存在感**。要批評你，她做不到，實在覺得你沒有錯。可是要肯定你，又找不到點。所以只好說，「唔……他是個好人，可是……」。這一連串的「……」其實也就盡在不言中了。

第三負面的形容詞則是「感動」。為何感動是負面的呢？因為女人喜歡一個男人，她跟女性朋友講起這男人時，立刻用到的字眼是：「他很棒」、「他很特別」、「很有趣」、「很好玩」、「很好笑」、「很可愛」、「很帥氣」這類**特質**上的形容詞。就算要談感動，也是這些形容詞都用過之後，再補充的詞彙。

可是女生跟別人形容一個男生，一開始就說：「唔……那個追我的男生嗎？他啊……對我很好，無微不至、很細心、想很多、有時候還會做了一些讓人滿感動的事……」**請注意，這段話絕對不是讚美！而是帶有「傷腦筋」的意涵。**

通常在她停頓兩秒，肯定會冒出一句：「唉，**可是啊……**他……」的句子。換句話說，前面這串感動只是修飾後面「可是啊」的子句。女生真正要表示的看法，其實是後面的那一句。

如果女方跟朋友形容你，立刻想到的形容詞是感動，那你其實是失敗的。感動代表你沒特色，唯一勝在夠乖、夠用心。可惜她偏偏對你沒有感覺，權衡下覺得困擾。講得更直接一點，就是所謂的雞肋：食之無味，棄之可惜。如果你有別的特色、又維持低調，或許還能慢慢增加一些正面評價。偏偏大部分男人都把感動操作過頭，很高調很張揚，搞得女生周圍的朋友都知道。

女生基本上是很有意思的，當事不關己的時候，她們會覺得走感動路線的男人很棒。所以女人看到有人一往情深的犧牲奉獻在朋友身上，或是奉獻在電視女主角身上，她會真心覺得感動、也會羨慕，覺得這男人好棒。可是當這類事情是針對自己、尤其還是她不喜歡或沒感覺的男人，就只會駭笑了。

這也是為何我說，如果你低調追求、謹慎調情，對方或許會不知所措、裝傻迴避，但至少不至於反感、不會讓狀況難堪。可是，高調示愛狀況就大不相同了喔！除了當事人，她周圍的女性朋友們或許真心覺得你好棒，可能還會鼓勵你、甚至幫你施壓，說出諸如，「那個男人明明對妳很好、又用心，為何不給他機會」的指責。當事人當然不可能因為施壓就接受，只會因此遷怒於你，你的機會反而被這些好心人士壓縮掉了。【戀愛管理第一堂】我們不是提到不要讓朋友來幫忙嗎？這裡的說明應該可清楚看到，無論是你的朋友或是對方的朋友，他們任何形式的介入都可能幫倒忙。

經驗不足的男人，甚至還會妄想透過輿論來造成「交往事實」。有些天真的男人會想說，「大家都認同我，慢慢她應該也會」。或是享受那種大家都覺得自己很棒、只有女主角拚命逃避的淒美感。以為哪一天對方會突然轉念，兩人從此過著幸福快樂的日子。

在此我要提醒你，這都不會發生。更要點醒大家的是：這些行為不是真心愛對方的表現！只是因為不甘心，而在「證明自己」罷了。這些行為反應出你更愛自己、想藉此證明自己的價值。就結果論而言，這些舉動最終也只會把女人推遠。

所以請別採取感動策略，也別以為愚公移山或勤能補拙的精神可以在愛情中獲得好報！男人該進行的是**不誇張的靠近法，才是我們在「自在階段」最該做的事情！**

## 所以我不該溫暖貼心囉？

「感動真的不能用嗎？」

「如果成功約會了幾次，再做些貼心溫暖的事情，難道也不對嗎？」

「女生不都因為電視劇男主角那種『死命愛著』的行為落淚？也希望有人這樣對她不是嗎？女生不都希望身邊有個李大仁？我的貼心與認真難道不是實現了她的願望？」

請別忘了一開始就要你別學偶像劇。偶像劇的內容要能成立，並不是「做了哪些事情」（What），而是「誰」做了那些事（Who）。若這樣說你還是不懂，你可以用男人的角度反過來想。

我記得之前有個 PSP 遊戲叫做「如果和 AKB 1/48 偶像談戀愛」（AKB 1/48 アイドルと恋したら……）。這個遊戲的設定很特別，玩家一開始同時被 AKB48 的全部團員愛

著，玩家得從中選擇其中一個偶像、拒絕其他 47 個，接著慢慢跟選定的那位偶像約會、讓戀情加溫。可是其他團員不會死心，還是會傳簡訊、打電話、到你家門口等你，總之盡一切努力，熱切地希望你能回頭選擇她。最後，要是遊戲進展順利，你心目中的第一女主角還會羞澀地跟你告白。

所有宅男，不！應該說是所有男人都會恨不得這種事情發生在自己身上吧？可是，請冷靜想想，這是因為主動的少女是 AKB48 吧？美女百依百順、愛你黏你，誰會覺得不好呢？可是現實生活中，若出現 48 個你害怕的女人投懷送抱。別說百依百順了，恐怕光想都哭笑不得了。男人是這樣，女人自然也是。所以要學連續劇之前，先想想自己有沒有模仿的條件。

感動策略不是不能用，但重點在於「時機」*。如果兩人已是情侶，體貼與關心確實能讓女方更向自己靠攏。可是，還沒跨過女方「靜摩擦力門檻」前，就嘗試過度的犧牲與奉獻，絕對只會迎向失敗。

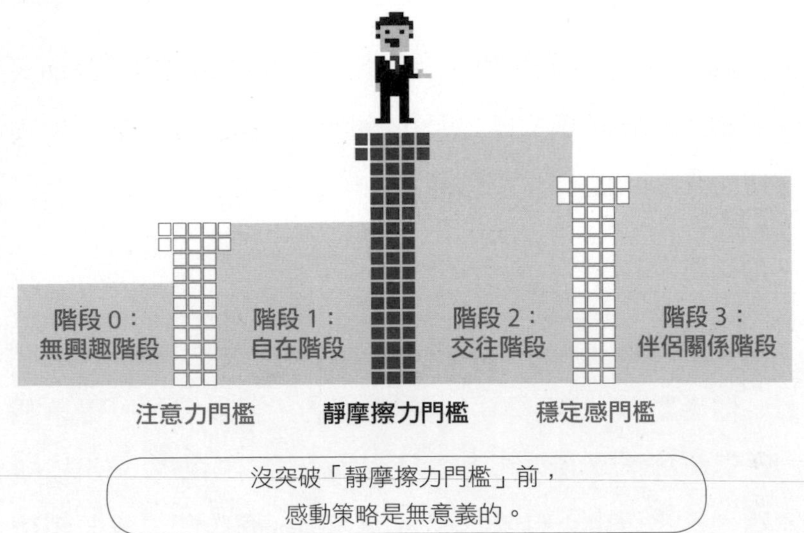


沒突破「靜摩擦力門檻」前，
感動策略是無意義的。

大部分男人犯錯的地方，是剛好用反了方法：突破「靜摩擦力門檻」前投入超額的關心，做出各類貼心演出；但「靜摩擦力門檻」過了，反而又變得默不關心。

也難怪很多女人抱怨男人交往後態度大變。交往之前把自己當寶，半夜說餓了，不管怎麼阻止，也要騎車跨縣市送

---

* 所謂時機：除非跟對方交往超過 6 個月，或是確定她對你有好感，否則絕對不要送花、寫詩、親手做卡片、做蛋糕、拍視訊、錄歌。在女生對你有感覺之前，男生準備這類手作禮物，基本上九成女生會覺得是 Loser；另有極高比例的女生會覺得這男人很噁。換言之，男人若在突破「靜摩擦力門檻」前做這類事情，很可能親手葬送追求機會。

消夜過來。交往之後，男人一回家就悶在房間打怪或上網。女人撒嬌說肚子餓，男人頭也不回叫她自己去泡麵。男人這樣的行事策略，可是不對的喔！

「所以自在階段不該對女人好嗎？」

不是說不能對女人好，而是請不要誇張，表現禮貌合理即可。你絕對可以紳士、可以關懷女方、可以體貼、可以關心，但千萬不要過火，不要誇張讓對方有壓力。一起搭捷運讓她有座位坐、幫她打傘、開車門、開店門、離開座位時提醒她別忘了拿東西、讓她走在馬路內側……這些都是好的舉動。在這階段所謂關心關懷只要讓女人覺得你維護她、記得她的喜好即可。點菜時記得她不吃牛肉、不喜歡大蒜、去冰這類事情，是會讓女人小感動的，這些行為絕對沒問題。但是任何超過這種程度，其實就是「表演」了。這些表演對你就未必加分。

但怎麼區分是體貼還是表演？把握一個簡單的原則，**只要你暗想做這些事會讓女人覺得「驚喜」的，這種舉動通常就太過了！**請先收起來，等真正確認交往後再用吧！

# 力道＝一段良好關係的關鍵要素

一段好的感情關係到底該有什麼要素？有人以為是承諾、有人以為是誓言、也可能有人覺得是肌膚之親。以我而言，我覺得關鍵點在於，「彼此對於這段關係投入的力道是否接近」。

以朋友關係為例，你之所以知道你最好的朋友會挺你、可以信任、可以守密，並非因為他曾經做過什麼好朋友宣言，也不是他曾經發誓：「我會一輩子把你當成好友。」而是因為你們之前有足夠的時間歷練，一起經驗過一些事情，兩人構築了信任感以及親密度。你有這種感覺，他也有這種感覺，以至於兩人會變成換帖兄弟。

【戀愛管理第四堂】提到，男女關係像打網球。一段能走得長且遠的關係，必須兩人在能量上是接近的；男女兩方應該要「勢均力敵」。好的關係不是網球比賽，而是網球對練。需要的不是一方很強、能一直殺球，而是兩個人能

把對方發過來的球穩定地擊回。這樣一來一往，雖然沒輸贏，但才能打得久。

試想，誰喜歡一直被殺球？就算很喜歡對方，委曲求全一直撿球的關係又能忍耐多久？同樣的，誰也不會喜歡對手怎麼老接不到球？就算對他有好感、願意給予耐心，但時間長了，不免還是會想看看場外有沒有他人可戰。所以兩造若各方面差距太大，最後通常很難有什麼好結果。

既然彼此投入的能量至關重大，怎麼「確認」以及「拉升」彼此的能量，是「自在階段」非常重要的一件事。你必須在這個階段累積你與女生的親密感、信任度、共同記憶、安全感等要素，逐步加溫、且平穩提升，這段感情才會走得踏實。

可是加溫並不是亂加溫。

有些男生以為感情加溫類似泡麵，趕快大火把水煮滾。但戀愛上的加溫像燉肉，你得花合理的時間慢慢醞釀，味道才會深入其中，滋味才會無窮。大火快煮，最後可能得到一個外表看似金黃漂亮，內裡卻半生不熟或毫無滋味的戀情。

「自在階段」雖然不能待太久，但也不能太短。很多男人會犯的錯誤，在於太急著想要讓對方「承諾交往」，而傾向在自在階段打腫臉充胖子，扮演一個不是自己的角色。明明睡眠時間都不夠了，每天還要開好遠的路管接管送。明明該準備明天的考試，可是女生說電腦壞了，急忙帶著硬碟搭車去找她。明明餐餐吃泡麵，還要買名牌包送對方。明明平常沒有出入高級餐廳、聽歌劇、看展覽，也要假裝自己品味高尚。總之，男人以為做這些事情能快速建立形象、提升依賴度，或是建立女生的安心感。可是啊！無論是打腫臉充胖子，扮演一個不屬於自己的形象，或是透過投入昂貴禮物來吸引女性，其實都不是贏取戰役的好策略。這樣閉著眼睛一股腦地投入所有的追求法，往往難以獲得好結局！

講到這裡，一定有人會想到身邊有某某朋友，是靠著這樣的策略追到女生的。既然有成功實例，為何我一再強調不

是好方法呢？當然，我承認，一定有人因此獲得芳心。不過，我要提醒的是，點頭交往跟長期感情順利可是兩件事情。**感動策略最大的問題，在於容易把你暴露在高風險的處境，更會讓你失去很多決策上的觀察指標。**

怎麼說是高風險的處境呢？

第一個就是前面提過的，你無法辨識對方是喜歡你的本質還是喜歡你的奉獻。當女生是因為高價演唱會門票赴約，你如何知道她是喜歡你？還是喜歡演唱會？

第二個風險在於，你若假扮一個不屬於你的人，又能演多久呢？跟自己差異太大的表演，很難維持太久。每天睡眠不足、沒有自己生活的管接管送，或是餐餐泡麵把錢都留給約會或買禮物，總有極限吧？何時你打算做自己？對方答應交往之後嗎？先不談這是不是一種詐騙。若對方是因為你的「好表現」而答應交往，交往後這些殷勤的舉動沒了，對方搞不好會失落，終究也會影響長期的關係。

第三個風險在於，靠昂貴禮物讓對方點頭交往，更是短多

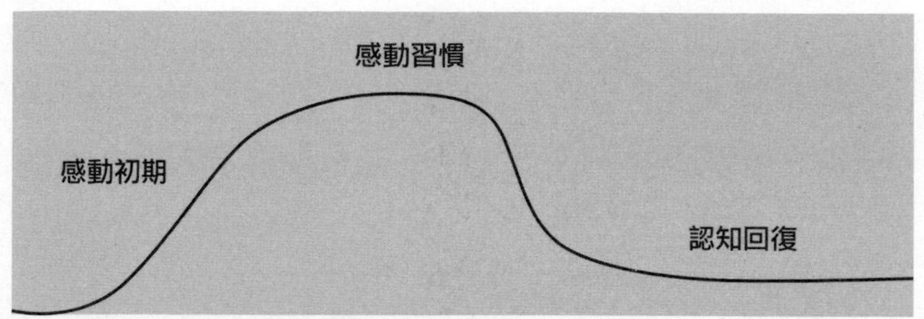


送禮、殷勤與感動像是興奮劑，短期效用有，但很快對方會習慣。
（曲線代表女方的情緒起伏）

長空的危險舉動。禮物或許是打動某些人的特效藥，但效用卻無法維持長久。這很像管理上的薪資誘因。當薪資水準讓員工生活無虞之後，更高的調薪只能帶來非常短期的激勵。加薪當天或許會很興奮，可是一個月之後他就習慣了。他會開始覺得這個薪水是他理所應得的，而不會產生持續性的努力誘因。

在兩性相處上也是一樣。那些常常受到眾多男人追求的女人，通常不覺得你的殷勤行為特別了不起。會覺得受寵若驚的，往往是那些常常自覺不配，或是自我安全感很低的女性。她們一開始或許極度驚喜，誤把興奮的情緒當成對

你的喜愛。一段時間之後，這類興奮／感動變成習慣，你得面臨情緒大量回歸基本面的問題。這時候，你是什麼樣的人？本質上是否吸引她？還是一切的重點。

換句話說，戀愛經驗少或是條件較差的女性，會因為過往沒有被這樣對待的經驗，而把這份情緒起伏誤當成愛上你了。從來沒人帶她去吃過高檔餐廳，第一次去激動異常。可是第二次、第三次、第四次，她慢慢覺得這是她應得的對待。對於你砸大錢的排場，她習慣了。等到習慣之後，她會開始回歸正常的情緒，對你的評價會回到正常的判定標準，甚至可能對你挑三揀四。若你本來就有能力持續提供這樣的排場，最多就是回歸基本面比個人特質。若你一開始打腫臉充胖子，這樣的排場難以長期維持，對方只會感覺到對待「變差了」。長期而言，只會留下「你沒以前愛我」的印象。

所以我才會再三強調，不要演、不要過度使用感動策略。除非兩人情感的基礎穩固，感動才能錦上添花。一段關係若靠的僅是感動、奉獻、物質、依賴，或是任何短線手法，最終唯一的答案，就是產生一個不對等的關係。

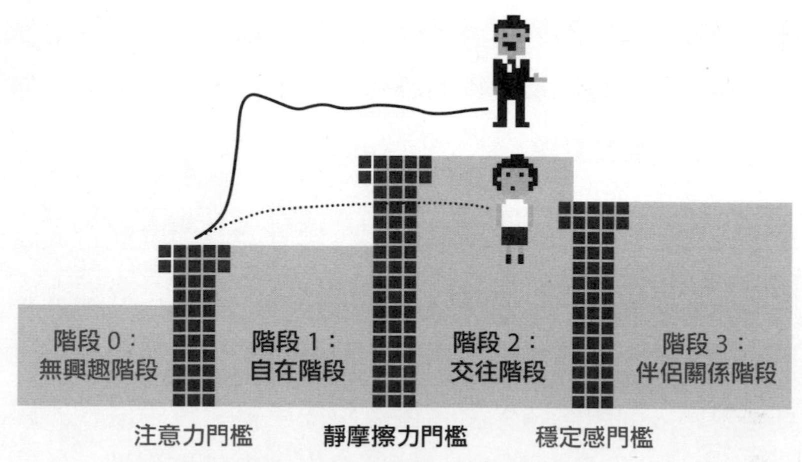


男生透過短線手法（如依賴或感動）
急速縮短女性「自在階段」的示意圖。
實線代表男生的投入力道，而虛線則代表女生的投入力道。

男生投入了大量的力道，可是女生的投入始終淺淺緩緩的。兩人似乎在交往，但完全是男人一頭熱。女方對這男人或許沒什麼好挑剔的，可是卻也始終沒有非常愛的感覺。兩人或許算是男女朋友，可是一有狀況，或是有其他追求者出現時，關係可能一夕崩壞。

這模式在女方很年輕或缺乏交往經驗下非常容易發生，她的戀愛知識都是來自偶像劇，會以為所謂談戀愛就是先答

應跟對方交往，然後試著習慣。可是，因為自己始終不是真心被這男人吸引，就算點頭交往，也會苦惱怎麼始終都感受不到戀愛的喜悅。

女生一開始會以為是自己的問題，於是盡量勉強配合。之後若出現一個「真正能打動」她的男人，她會立刻察覺到真正的「感情」是怎麼回事。當她頓悟了自己其實從來沒真心愛過，前一段關係就有可能瞬間崩盤。無論前一段感情維持多久，分手會立刻且迅速。

這也是我反覆強調，男人不能錯失在「自在階段」觀察以及拉升女性感情的機會。如果沒有讓女人累積足夠的喜歡與動力（涉入度），僅靠外力（禮物）讓女人答應交往，後續會很辛苦！這種口頭上的交往承諾反而是之後爭議不斷的種子。

換句話說，除非你的目標只是一段短期關係，不然不要在自在階段靠奉獻式、演戲、或是花大錢砸禮物的方式進行。送禮、物質、讓對方依賴、或奉獻式的追法，或許會有短期效用，但就長線而言，你只會玩壞這段關係。

# 愛情阻力最小的路

我知道很多人可能還是不懂，為何這些方法會玩壞一段關係？接下來我要花些篇幅跟大家說明一個概念，叫做「阻力最小的路」。所謂阻力最小的路談的是，人因應環境變動調整應對策略的一個過程。就像老鼠走迷宮，一條路走不通，會換另一條路嘗試。人若遭遇阻礙，也會嘗試使用不同的策略，直到找出一個**「最簡單能達成目標的方法」**。

部門裡頭最忙的人，常常是性格最好的那個人。因為大家每次有難處理的事，可能都跑去拜託他。但請注意，一開始彼此都不認識時，當大家需要找人幫忙，可能會隨機問辦公室任何一人。性格壞的，可能會破口大罵，「X的、沒看到我在忙喔？」慢慢地大家就不敢去麻煩他。會給軟釘子的，大家也發現找他沒用。唯有個性好、不知道怎麼拒絕別人的，最後會變成大家優先拜託的對象。除非哪天他也轉變態度，大家才會嘗試其他的解決方案。

「阻力最小的路」還有一個特點，就是當一個方法被反覆驗證都能成功，人們就會**「不斷使用，並放棄嘗試創新的方法」**。這概念應該不難理解，當人們已經找到一個有效的模式，幹嘛還要嘗試新的？我們已經知道去拜託那個好講話的人一定會幫我，幹嘛還要拜託別人？也因此，在任何「習慣」成形之前（尤其是別人的習慣），我們就得考慮到遙遠的未來。這未來有可能不是接下來的一兩天，而可能是接下來的一輩子。

我們常常會看到這樣的情景：小朋友看到一個想買的玩具跟媽媽要。媽媽不答應，小朋友就坐在地上哭。邊哭還邊踢腳，踢腳沒用，手也上下甩動。最後整個人就賴在地上不起來了。這時候媽媽可以做兩種截然不同的抉擇。

抉擇 A：媽媽完全不理會小孩的哭鬧，甚至當街打他兩個耳光抱起就走。當然，小孩可能哭得更大聲，被抱住還手腳亂舞拚命掙扎。但只要媽媽狠下心來，總是有辦法拖離現場。

抉擇 B：媽媽好說歹說小孩還是不理會，最後覺得這樣一直鬧下去不是辦法（覺得很丟臉），就進去玩具店買了東西再哄他離開。

抉擇 B 短期上或許處理了問題。但是長期而言，這抉擇卻會產生一個非常負面的互動模式。

怎麼說呢？當小孩下次又要玩具，這時候他會記得上次的狀況：「我坐在地上大哭大鬧，媽媽就答應買玩具給我，這次再這樣做應該有效。」小孩未必是有意識的選擇，也可能純粹直覺反應，就像嬰兒餓了冷了會哭。一開始是不舒服造成的本能反應，當大人因此投入注意力，會增強他對這個方法的信心，不斷地以此取得大人的注意力。所以「坐在地上耍賴不走大哭」既然有效，小孩就會繼續使用。

媽媽若又屈服了，小孩會因為重複的成功經驗，瞭解這方法確實可行。這個方式就會是接下來他在面對類似情境時的「主要策略」。主要策略的意思是，下次媽媽若狠心不屈服，他可不會立刻放棄，而會試圖「強化」：哭得更

大聲、哭到喘起來、在地上打滾、甚至出言恐嚇，媽媽最後可能於心不忍，就又屈服了。

幾次之後，小孩的行為模式就定型了。

小孩日後所有跟媽媽的互動就會以此為應對主軸。對他而言，透過哭鬧與威脅就是跟媽媽要東西「阻力最小的一條路」。隨著時間推演，隨著策略定型，媽媽轉變策略的成本越來越高，因為小孩施展的強度會越來越強，每次撒賴起來越來越難對付。對媽媽而言，屈服也逐漸變成她「阻力最小的路」。所以，這場賽局中，「納許均衡」* 就此確定。可是，這個納許均衡在長線上，只會造成雙輸，這僅是一個能在短期快速解決問題的方法。

更重要的是，既然這方法最簡單，小孩也就缺乏學習其他方法的誘因。總有一天，媽媽會覺得這種互動模式不太對

---

* 納許均衡：賽局理論（Game Theory）中的名詞，指的是決策平衡點。簡單講就是：當碰到類似狀況，人們會「不斷使用的策略」。當雙方均已選定策略，任一方想改變策略會使結果惡化。一旦這狀況發生，除非能從根本上改變規則、改變兩邊的資訊透明度、或讓雙方更有效的協商，不然賽局的結果將就此固定。

勁，可是為時已晚。追本溯源，是媽媽第一次遭遇這類關係試探時，選錯了應對方式。媽媽太急著追求短期成效，以至於長期會養出可怕的小孩。

有些媽媽會覺得，「他現在還小，還不懂事。等哪天長大了，懂事了，就會變乖啦。」但這是很難發生的，因為小孩發現原來哭鬧是最簡單取得東西的方法，他為何要花心力找別的方法（如考第一名來換獎品）。一旦改變小孩行為的時機過去、兩人互動模式定型，媽媽就再也不可能扭轉了。

我在此之所以舉小孩與媽媽的例子，在於小孩不似大人奸巧。他們一開始選擇採取哪個行動，完全是無意識、甚至可能是隨機的。如果小孩第一次在玩具店前哭鬧耍賴時，媽媽就清楚讓他知道，用這方法是不會成功的，雖然小孩可能哭個大半天，可是下次他就知道這方法沒用。哭得半死也要不到東西，就會開始發展別的方法。撒嬌、爭取獎勵、幫忙家事、幫父母按摩、自己想點子賺錢，等等。他最終還是會找到方法。

找到別的方法，哭鬧這條路就會被放棄。選了另一條不同的路，有可能走入一個好的正循環。用功念書拿獎品，有可能因為功課好老拿第一名，拿獎品越來越容易，他也會樂於維持。新選擇就變成新的「阻力最小的路」，與父母的長期關係也會越來越好。

只是要達到這樣的相處模式，一開始媽媽可不能被那些短期效應的手法所吸引。不能覺得先買玩具讓他別哭，其他以後再說。若受到短期效應吸引，你就犧牲了長期關係。

# 壓力最小的路<br>在男女關係中的啟示

「壓力最小的路」不只適用於小孩教養，而是適用於任何關係的互動，在男女關係的初期更是重要！

女生對你感到自在時，其實就是男女開始界定互動模式的時間。男方應該盡量引導這段關係，讓兩人呈現勢均力敵的發展。就算男方不做任何事情，彼此還是會找到此賽局的「納許均衡」，也就是後續相處的模式。包含各類事情的「預設形式」：兩人主要用什麼方式溝通（電話、文字、面對面）、約出去都去哪裡、出門是開車還是搭捷運、什麼可以聊什麼不可聊、肢體觸碰的範圍等。若在這時期沒有讓互動朝彼此能接受的方式沉澱，最後兩人構築的關係就可能非常脆弱。

有個原則要再提醒一下：**你在跨入女性的「自在階段」後，最需要關注的，不是女性有沒有答應跟你交往，而是該**

**想辦法拉高女性對這段感情的「涉入度」。**

好的關係應該要能讓彼此的參與力道呈現等距離的提升。你是引導的那個人，但不能過分心急，**你需要花些時間等待她或是誘發她增加好感度、提高涉入度**，以便能跟上你的步調。所以並不是一開場就掏心掏肺，然後期待對方點頭交往。而是應該控制你過度熱切的心意，讓對方在無壓力的狀況下慢慢跟上你的腳步。若以圖形來說明，會類似下面這樣：

雖然你很渴望把自己的一切都獻上，但你若這麼做，對方跟不上步調又怕辜負你時，很可能會拒絕。而不怕辜負你的，又很可能不是合適的好女孩。所以你不要一下把所有熱情都丟出去。

兩人才剛認識，她的涉入度不會太高。一開始她可能還會稍微冷淡，畢竟她還不瞭解你，也不覺得特別要為你花心思。

既然她的涉入度不太高，你也不要太誇張，稍微比她更多一些即可。

我們在「自在階段」要做的事情，就是讓她瞭解你的價值，讓她覺得你有趣、值得讓她投入心思與時間，自發性地想接近你。如此，她才會開始拉高對你的回應力道。

當你感覺到她開始增加力道，才再拉升你的投入。執

行正確下，你增加的投入會被她視為爭取來的「成就感」。成就感會讓她渴望更多，更加深力道回報。正向循環即此展開。

靠著這樣慢慢拉近的方式，讓對方不斷對關係投入情緒。這段關係的穩定度才會提高。關係必須是兩人共謀的過程，而非一頭熱的努力。

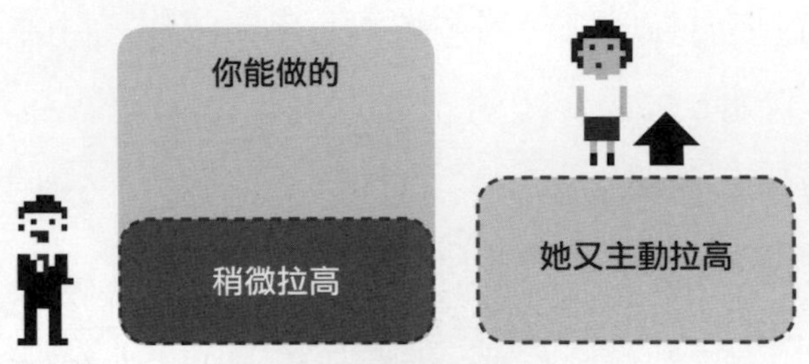


但你若沒有在相處初期（也就是「自在階段」）讓她感覺，「她也需要對這份關係的進展努力」。之後你將無能為力，她的投入度很可能永遠也拉不起來。

你若一次梭哈式的把所有東西都拿出來，甚至把「不能沒有妳」這種底牌都亮出來了，她就沒有了投入更多的誘因。這就像那些大排長龍的店，通常服務都不會很好，店主往往也不打算改善。反正仗著客人就是會乖乖來吃，當然不用刻意發展客戶關係、也不用改善服務。

男女關係也一樣，一開始力道不對，她對這段感情的涉入度也不會很高。就算勉強交往或是結婚，最後也常常是場悲劇。這段感情若之後碰到問題（哪段感情不會碰到問題？），她想努力解決的企圖心不會太高，可能更期待你改變來配合她。若碰到其他競爭者，你保有這段感情的競爭力也很低。

更重要的是，奉獻式的追求，如同不斷買玩具的母親，你只是把自己平庸化了。寵壞的孩子不會感激母親，女人也不會感激那些靠物質追求的男人。尤其你追的女孩子條件很好的話，採取奉獻式追求的男人已經多如牛毛，你不過只是諸多中的一個（除非你真是非常有錢，有錢到另一個層次那又另當別論）。

另外，女人還有一個特性，她們其實不重視那些「只能」不斷討好她的人。**她們會認真愛的，是她們尊重、覺得比她厲害、有價值的男人。**這些男人，通常都是她仰望的對象，也就是能讓她想要主動付出的男人，這些男人甚至不太刻意去討好女性。你若採取的是奉獻、苦情、癡心，女人或許會因為感動而動搖，或許會因為依賴而委身，但那不是愛。只要這段關係「沒有」讓她產生「想不斷為你多做些什麼的心情」，女人在本心上就不會認為那是愛。也因為不是愛，你就得長期背負著高風險。就算你們有肉體關係，也不表示這段關係有足夠的穩定度！

【戀愛管理第六堂】

# 學會放與收，愛情不是光靠蠻力

## ——突破靜摩擦力關鍵，在於不斷加溫與冷卻：從「自在階段」轉入「交往階段」3

我一直把你當做

愛情想不拿卡，

得避開錯誤策略

我覺得我們

不適合

戀愛要成功，

八件絕對不能做的事

有心儀對象之後第一件要做的事：

丈量「心的距離」

為愛往前飛

心慌亂我給你慰藉

情人節

那是什麼東西？

可以吃嗎？

步步為營

經營愛情！

感情熱度量測表

請收下！

學會軟著陸，

其實你不懂她的心

你是好人

愛妳愛我，

我們愛這個錯？

一直把你當做

情人節

我不要當好人

我們繼續【戀愛管理第五堂】開頭的那個故事。

對於那位你愛慕的女同事，最終你忍住沒有莽撞地趨前表白，更沒有熬夜買演唱會門票。僅僅是透過超商集點貼紙跟她建立了第一步的交集，偶爾去茶水間經過她座位時，試著跟她閒聊兩句。得知她喜歡 XX 樂團之後，你也會跟她談談這個樂團新聞。這樣一段時間之後，你們兩人慢慢也算有些熟了。

有一天，你留在公司加班。準備出去買晚餐時看到她也還在公司，於是問她要不順便幫她買點什麼回來。買回便當，兩人在公司的會議室邊吃邊聊了天。當天獨處的時間雖然沒有很長，但兩人聊得還滿愉快的。所以吃完飯後，你們交換了 Line……

回去後，你開始照著三餐傳訊息問候。一早先傳「Hi～Hi」打招呼，中午則問她吃了沒，下班後試著想話題聊天。其實你不太擅長聊天，為了不讓話題冷掉，你想破頭不斷丟問題給她。

一開始她還會回滿多字的，但一個禮拜之後你發現回應的字數越來越少、回覆的時間也越來越慢，常常聊幾句她就說要去洗澡了，後來很多訊息根本是「已讀不回」。

這讓你很慌亂！

你開始煩惱起來，該繼續傳訊嗎？或該嘗試直接約她出來？還是想更多問題丟過去問她？如果丟兩個問題她不回，丟四個、或八個問題，是否就會回覆了？

# 追求並不是持續積極，你需要「墊高底部」

繼續丟問題，或是照三餐傳訊息其實是不對的！事實上，在聊天過程中單方面提出過多問題，往往也是常拿好人卡男生的一大敗筆。

前面有提到，女生會因為好奇心以及你的有趣程度而被吸引。所以你要到 E-mail、Line 或 Wechat，應該多談些你自己的事情。尤其盡量講些正面、陽光、讓人有興趣、或是其他人不會有的經歷（千萬不要講什麼自己很差沒女生喜歡，或是一堆抱怨）。多講正面及有趣的事情，讓對方一方面能多認識你，另一方面也要以此吸引她的好奇心，讓她覺得認識你真好，認識你讓她拓展了人生的豐富度。這些想法才能提升她的涉入度。

若男生已經給予女方太多壓力（丟太多問題或表現太無趣）造成女生害怕或逃避，這時候最該做的，反而是先停下所

有動作！重新調整步伐，而非繼續壓迫而把對方嚇跑了！

接下來的這個知識很重要：**長期關係要穩固，絕對不能只是拼命拉升。你拉升的同時，還要適度的「冷卻」。**所謂冷卻，就是在一個張力最大的高點上放鬆力道——讓對方冷靜、讓對方放鬆。這會發生在發現對方的抗拒點時，也發生在你自覺拉升太快的時候。

「墊高底部」是股市投資用語，意思是股市的多頭不是每天都持續上漲。而是上漲一段時間，會下跌幾日。可是下跌一小段後，會有人持續接手，於是走勢又緩慢地往上拉升。這也類似打鐵，透過不斷加溫、淬鍊，再次加溫、淬鍊的過程，鐵器的堅硬度會越來越強韌。

感情也是這樣，好的感情不是瞬間兩人情緒高漲到極限，然後努力占據對方的注意力。這種來得快的感情、讓對方覺得辛苦的模式，往往也去得快。好的感情應該要有適當的冷卻過程，這樣才會不斷地迎接下一個高點。

可是，「讓對方冷靜，對方不就有可能會跑走嗎？」

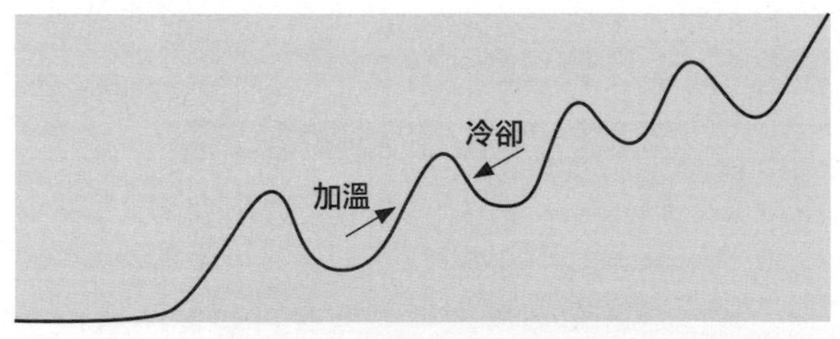


一段長期順利的感情，兩人的熱度需類似這幅圖。
高點要放鬆，成為下一次拉升的起點。

確實有可能。可是如果對方因為冷靜下來就跑走，表示前面的暈頭轉向根本是不踏實的。一段關係再怎麼濃情蜜意，總有一天得踏入平穩期。如果屆時無法安全著陸，你損失的可能更大。（浪費三週，結果對方跑走。好過浪費三年最後對方跑走。）

也因此當你發現跨入「自在階段」，每有一定進展，你要稍微停一下，看看關係的「底」在哪裡？底是越來越高，還是每次放手，兩人就完全冷卻下來，甚至退回原點？

以我舉過跟女同學借筆記的例子。你若連續借五週，然後第六週突然停止。對方的反應會是如何？這是一個非常

重要的觀察點。因為停止借筆記，表示那個「已經不用再多想的習慣」被打破了，也逼著女方得從直覺模式切到理性思考模式。她若這段時間累積了對你的好感，打斷習慣就會讓她覺得疑惑。她會好奇你怎麼了？是不是發生什麼事情了？是不是得罪你了？她可能會打聽你的狀況，甚至直接找你。

當然，打破習慣也可能產生完全不同的走向。她搞不好完全沒有被你借筆記及與你相處的習慣所「制約」。你一旦冷卻下來，對方完全沒意識，甚至還覺得鬆了一口氣。她既不疑惑、也不好奇，更沒有來問你任何事情。

無論哪個結果其實都很好，因為這讓你知道她的心理狀態是否有跟上。搭配到此為止講到的幾個重點：**調情（觀測、跟隨）、敢要、加溫以及冷卻**，只要正確的實行，即能讓你掌握女方的心理狀況。不管你前面自以為拉得多高，但在冷卻時對方沒有回應，你就知道你並沒有引領成功。

# 加溫後的冷卻時間點

其實有三個時間點，男方應該嘗試著冷卻。

## 第一個冷卻時機點

首先，每個美好體驗的頂點，你都應該要適當地後退一下。比方說，當你與女方經歷了一場美好的約會，很有進展，這時候你該稍微退後一下。有些男人按耐不住，約會結束後（剛送對方回家），馬上又打電話想聽聽對方的聲音。

講一兩句也罷，死不掛斷就是敗筆。一整晚美好的約會之後，兩人可能最精彩的話題都說完了。進了家門，對方累得正想卸妝、趕快去洗澡休息。這時還勉強打電話，又不捨得掛斷，很可能搞得雙方尷尬、沒話講，反而變成一個不完美的 Ending。

可是呢，若你適當後退一下，沒有立刻聯絡，甚至第二天白天都沒有電話問候，對方反而可能感到好奇：「難道約

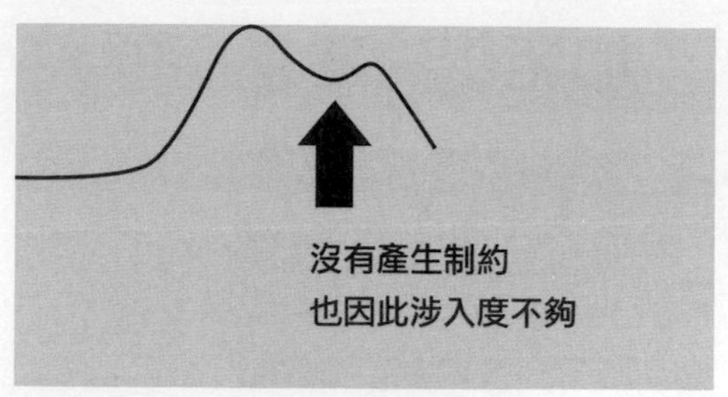


冷卻後女方其實感覺可有可無。
這時我們若不繼續加熱，兩人感情熱度就持續下滑。

會不愉快嗎？」這情緒若讓她憂慮，她會察覺到這段感情對她的重要性，也會想主動聯絡。讓女方察覺自己對這段感情的重視，以及產生主動追問的行為，其實都會拉高她的投入度（別忘了 IKEA 效應）。

冷卻的同時也有「觀察的價值」。如果她對這場約會沒有很高的認同度，你沒聯絡，她可能也沒當一回事，然後過了三五天才突然驚覺，疑惑那男人跑哪裡去了？這時很明顯你就知道，就算那天兩人玩得愉快，但她情感的興趣其實不在你身上。所以冷卻也是一個查知女方如何定位我們的重要步驟。

若女方會因為我們稍微往後退，而主動把距離重新拉近，那表示「對方目前為止對你認同」，也表示對方自己把涉入度拉高了。女方拉高涉入度，日後約會對於你的話題以及表現的要求度也會降低。就算你開始講些無聊的東西（跑車、鋼彈、3C）、或偶爾做些好笑的笨事，她們的寬容度也會提高。所以拉高涉入度，才會讓兩人關係走向一個正向循環。

## 第二個冷卻時機點

每次達成一個關鍵里程碑時，你尤其該嘗試稍微冷卻。這些關鍵里程碑，女性都不會扮演主導者。比方第一次接吻、第一次親密關係，大部分女生就算心情準備好了，也會希望是由男生發動。所以這些關鍵里程碑，都必須由你拉著她越過。

可是越過後，你反而不能繼續強勢主導。不能持續讓她有一種「我是被逼」、「我受限於他的強勢」，這樣的心理欺騙。**你必須讓她開始去認同那個行為，並讓她產生「共謀意識」。**

第一次的肢體接觸、或是第一次接吻的發動點可以由你主導。可是第二次接吻，你就必須讓她參與一部分的過程。換言之，這也是一種敢要的呈現。比方說你把唇靠近對方，可是「最後一哩」必須是讓她來靠近。她不靠近，那你就等待；你必須讓她透過行動做出某種表態。

她有參與、有投入、有表態、她在心理上就會不斷確認這段關係。這在任何後續門檻的突破上都很重要。如果這些反應沒發生，她就可能在身體上接受了這些事，但在心理上卻沒有 100%認同這段關係（就算發生親密關係，都未必表示她心理上 100%認同，所以過程中處理心理的涉入度比推倒更重要！）。

若你容許她可以在心態上自我逃避，一旦面臨情境改變，她的情境涉入消失時，她就可以把你切得乾淨、逃得徹底，你很可能終將一無所有。她會很容易說服自己：「過去那段關係，只是男人一廂情願」、「那些親密行為是男人要求的，我只是被動配合」。

## 第三個冷卻時機點

更重要的冷卻點，則是她有所抗拒時。我們前面提到「調情」，也提到「觀察」與「跟隨」。而冷卻就是在跟隨的過程中，嘗試後退的具體做法。

怎麼說呢？

跟她約會時，你試著去牽她的手，可是發現她表情不太自在，手也似乎有想鬆脫的意圖。這時候你就應該放開手，並假裝沒這件事情。剛放開手時，她可能還會有一小段時間不太自在，如果她不討厭你只是震撼於進展太快，當你放手後，應該沒多久她就會在態度上回歸正常。表示「冒犯」的動作在你解除後，她的熱度雖然稍微下降，但一下子也就穩住了。（穩住之處就是目前的關係底部）所以你等確認穩固了，絕口不談剛剛尷尬的事情。繼續試著用別的方式逗她開心，然後慢慢找尋下一個機會，重新再試一次。

這方式的重點，在於你第一次拉她手時，她可能真的被嚇

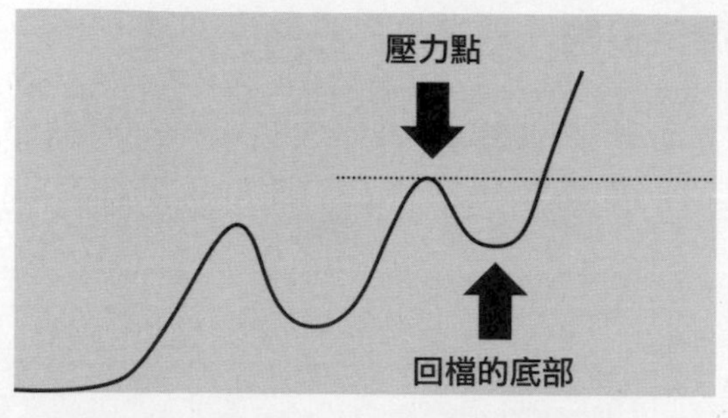


無法突破時，趕快冷卻。觀察回檔有多深。
然後重新嘗試，下次就有可能突破前高。

一跳，於是表現得很不自在。可是你立刻有風度放開，她一方面會感激你（好感度反而會略略↑），另一方面也會在心裡自問「自己到底對這男人抱持什麼感覺」。此外，當你放開手後，她的不自在會慢慢退去，回到原本跟你的相處模式。她若覺得確實能接受你，她會在內心自我調整。而你在過程中沒有抱怨、沒有壓力、沒有要求，她也會感受到你的體貼與包容。所以只要你不急躁，給她時間調適，並在過程中持續用原本的模式逗她開心。下一次你再挑戰前次高點時，就很有機會突破了！

萬一持續冷卻都拉不上去怎麼辦？「如果冷卻了再嘗試挑

戰，對方還是不讓我越過怎麼辦？」我要提醒的是，若女孩子對你的好感度到了某個點就怎麼也上不去時，你猛攻是沒用的。所以絕對不要強迫、不要拚命簡訊轟炸、不要威脅、不要給壓力、更不要試圖找她談一談（說出：「我覺得妳最近對我很冷淡。」）。感情的進展必須含蓄、而且間接的。你該嘗試的是一兩次的冷卻以及重新加溫。

但若兩三次退後都還是無法過前高的話，我建議你該進行「更大的冷卻」，甚至必要時整個停損。圖（一）的第一個峰（A）是本次關係的高點。曲線從開始到A點都是緩慢上升，表示兩人關係熱度不斷加溫。但到了A點，對方開始有所抗拒。以我的經驗，會停止給予壓力，讓熱度小小拉回（到B點）。待對方冷靜一段時間，我會再試著突破一次（C）。第二次引領若還失敗，我可能還會再試第三次（D），可是連續幾次嘗試（C、D）都無法再突破前高，我會做一個較大的冷卻處理（來到E點）。

當你做一個大幅度的冷卻處理下，你會產生明確的疏離感，這時候女方理應會察覺。她若在意這段關係，這時她必然

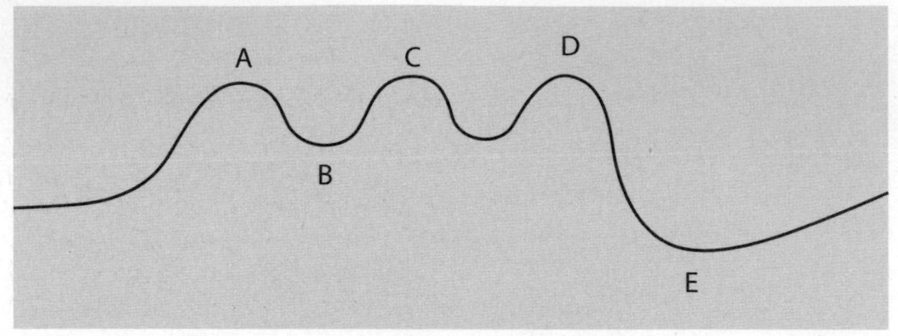


圖（一）所謂更大的冷卻或是停損，
若畫成圖形的話，會類似上圖。

會重新回應，確保你不會跑走。兩人關係就有可能重新往高點攀升，也可能突破前一個壓力點。

舉個簡單的例子。你跟一個女生在活動中認識，兩人交換了電話與 Line。兩三個禮拜過去，你們每天都透過 Line 聊得很愉快。偶爾話題沒了，她也會主動提新的話題。你心想，「不如這週六邀她出來吃飯喝茶吧」。你在 Line 中丟了訊息問她要不要吃飯。沒想到她回：「我週六得回家陪爸媽耶。」較沒經驗的男生就會慌，可能會繼續單方面出牌的詢問：那禮拜天呢、那下禮拜一呢、那下禮拜二呢。

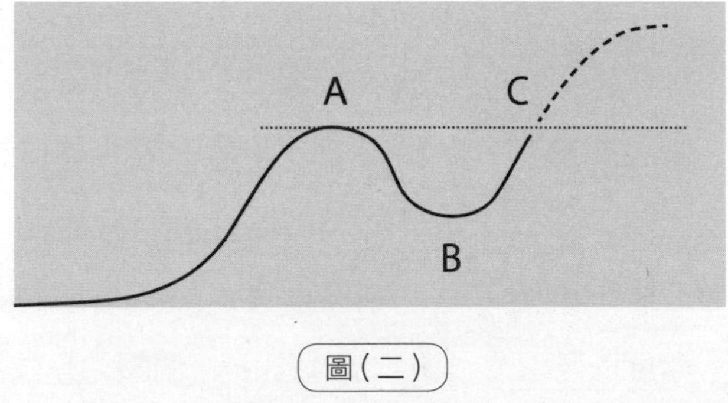


圖（二）

但合適的做法並不是繼續出牌。你察覺到過去一路關係確實提升了，表示邀約不算唐突。但就結果論而言，你確實也碰到了阻礙。只是你不知道她是沒辦法出來，還是不想出來。總而言之，你要停止拉升、也要停止施壓。

這裡就類似圖（二）的A點。你不該追問，反而該在這裡放鬆壓力。先不再談這話題，也不問別的時間是否有空。如果對方想跟你出去、只是週六不合適，她看你不繼續約，也很可能會進行「還價」（Counter-offer）：她可能會主動問你：「不然禮拜天你時間可以嗎？」

這也是為何要你等個幾分鐘。如果她都沒任何建議，你不

談她也不問，表示這裡確實是個過不去的壓力點。那你就撤回，繼續回歸只在 Line 聊天的關係，類似退回圖（二）的 B 點。過幾個禮拜，你覺得兩人關係似乎更親近了，你可以嘗試再邀約一次。如果這段時間你執行都正確，或許對方會答應。如果她答應了，就證明 A 點不是你們關係的壓力點。你可以繼續透過調情，找出下一個壓力點位置。

當然，有時候你的冷卻女方其實無所謂，兩人關係會停在圖（一）的低點附近（E 點到 B 點的位置）。你約了幾次，對方都沒空，也沒有建議別的時間，表示對方可能根本不想跟你出來，或是因為你跟她可能是客戶與廠商的商業往來，所以她跟你 Line 聊天，完全只是「客戶服務」，關係的壓力高點就是約出去這件事。搞清楚狀況後，兩人也可以很有默契地退回成朋友關係。

「退回去當朋友？這樣不是很可惜？」，有人或許會疑惑。

其實不會，對方的熱度若拉不起來，你就算勉強靠什麼技巧或手段衝破一次（威脅對方，答應出來約會就跟她簽約），下次的關係高點可能還是在不遠處。你沒有解決問題，也沒有從本質上強化她對你的興趣，最後還是舉步維艱，但卻多投入了時間精力在一個不會贏的賽局。但在我的建議下，你「很早」就會量測到這一點。這時候你的投入並不太高，沉沒成本很低的狀況下，停止也相對容易。畢竟說到底，關係既然很難突破，早點停止肯定是好的。

以這種方式「跟隨」還有一個好處。就是你主導了一半的關係構築的過程，並非只是被動地任由女方擺布。你透過強化「調情」的力道逐漸逼近，透過「敢要」來提升涉入度，察覺阻礙的位置，並透過「冷卻」來「觀察」她會如何處理。甚至「狀況跟原始設想有差異」時，你還可以透過降低調情的力道以離開賽局。所以透過這些方式，你會在一個主導、進可攻退可守的位置上。

至於什麼叫做「狀況跟原始預想有差異」？這通常出現在你後悔時。我得老實說，男人通常對於美女會有過度的想像。覺得美女應該很溫柔、個性很好、相處愉快、兩人會

進入下一循環

加強調情

跟隨

敢要

反應好

提升涉入度

調情

觀察

對方反應

反應不好

低點不遠

冷卻

加溫

不斷破底或不如預期

停損

「自在階段」執行流程圖。

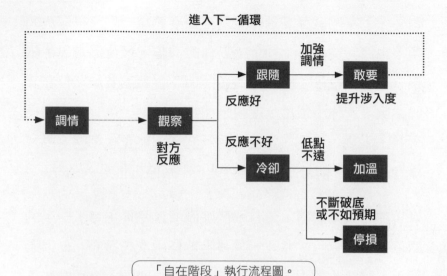

有很多共通點。但實際上，有可能跟女生真正熟識後，才發現兩人實在談不來、對方有你無法忍受的缺點、或性格跟想像天差地遠。

這時候該怎麼辦？以「調情」以及「敢要」為基礎的追求，這時候只需要逐步降低調情的力道、不要再要更多了，兩人即可慢慢退回朋友關係。除非你一下子進展太快，讓女方覺得吃虧了，不然冷卻後其實誰也不會受傷，彼此還能

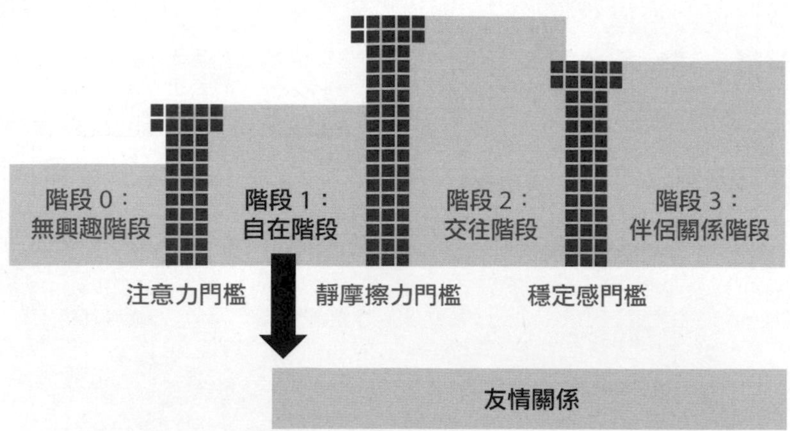


從自在階段抽身後，可以轉成友情關係。但同樣的，若只是等在自在階段，時間拉太長下，也可能被女人歸類到友情關係。

多個好朋友。

這也是為何我會建議大家不要告白把關係說破的原因之一。萬一你一開始就上前告白，女方也答應了。結果兩人開始約會後才發現格格不入，你該怎麼辦？直講：「我覺得我們不合適」嗎？這太傷人了啦。為了維持承諾，而努力改變自己嗎？這樣又太辛苦啦。還是試圖改變對方呢？這樣對她又太不公平了！

為何不先保持含糊呢？一開始什麼都不說，透過調情彼此試探，觀察彼此是否合適。這就好似摸著石頭過河。過得去、站得穩，就一直往前走到對岸；試探幾次都過不去，就退回來當朋友，反而皆大歡喜。

# 自在階段的知識大總結：突破公式以及時間要素

我把大家互動到自在階段的重點，以「公式」及「圖表」的方式整理。如果還沒跨越女方「注意力門檻」的，請退回去看《第三堂課》。至於進入自在階段後，要突破「靜摩擦力門檻」，最關鍵的公式如下：

**門檻突破關鍵**

**＝**

**對你持續的好奇心＋安全感＋涉入度＋非理性要素＋其他客觀加分**

- 對你持續的好奇心＝你讓她崇拜、仰望、關切、感興趣、覺得好玩、覺得好笑、覺得佩服等情緒。
- 安全感＝三個條件

  條件一：危險但不危險的氣氛。

  條件二：創造能帶著她參與的有趣環境。

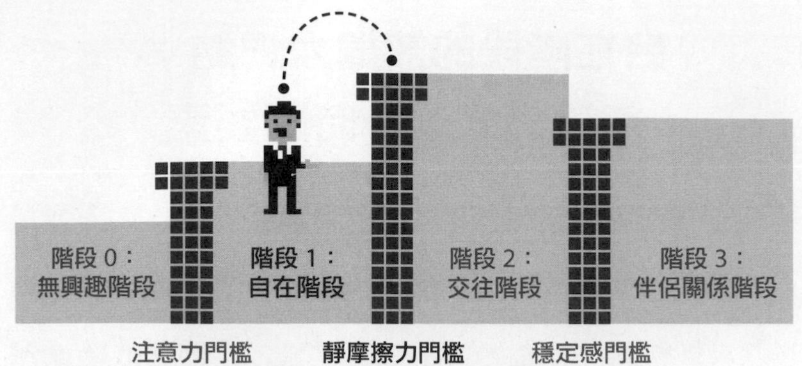


條件三：環境造成的心跳加速。

- 涉入度＝ IKEA 情節＝讓對方覺得這段關係「跟她有關」；且讓她「主動希望」從這段關係中得到「她想要的東西」。
- 非理性要素＝你的基因或是賀爾蒙的吸引力所帶來一見鍾情的力量。或是源自於女方過去人生經驗，對你這樣人物類型所給予的額外寬容度。比方你感覺很像她的初戀情人，她對你的寬容度會比一般男人略高，對你的初始興趣值可能也會較高。（不過這要素比較可遇不可求。）
- 其他客觀加分＝品味、身高、家世背景、學歷、職業工作、收入、衣飾車子或其他排場等。

雖然很多男人會以為「有錢帥十倍」，或是以為名車就能把妹。若你的著眼點是要跟女人發展長期關係，那這些並沒有一般人想像得這麼關鍵。誠然女人有可能在初次見面時，受到你的外貌、頭銜、或名車吸引。可是深入交流下，發現你沒什麼讓她感興趣、讓她好奇、讓她想不斷探索你的深度，跟你無話可談也無事可談，最終也只能停在自在階段（或轉移到朋友關係）。但你若能在一開始拉升她對你的興趣，客觀條件反倒不會阻礙你們的發展。報紙社會版上也總看到富家女跟什麼販毒男友浪跡天涯的故事。可見有沒有錢、帥不帥、有沒有名車，絕非突破「靜摩擦力門檻」的關鍵。

我要特別提醒，最理想的模式是前三點（對你的好奇心、安全感、涉入度）的佔比較高，對於後續關係的長期穩定很重要。如果女人是因為最後兩個要素（非理性要素、或其他客觀加分）選擇你（尤其是最後一個要素），不會是好的長期關係。畢竟女人會真心愛上的是讓她崇拜的男人。如果只靠外在條件，雖然最終走入婚姻，但也不是愛情了。

知道了公式，你還要小心一件事。自在階段，其實是有「時間性」。能夠進入自在階段，不過是有機會向女生展露自己的價值。可是隨著互動狀況，以及男生在時間上的掌握度，最後有可能走出三種不同的途徑。

**一、突破靜磨擦力門檻**：這是我們男生最希望達成的結果。

**二、持續停留在自在階段**：女生發現男生沒有自己渴望的價值，或是男生覺得女生沒有非要拉近距離不可，以至於男方在力道上並不夠積極。兩人雖然持續保持某種交流，但又不完全算是一種明確的友情關係。比方班上的女同學。有些我們可以閒聊兩句，但卻始終沒有太多交集。你可能連她的電話或 E-mail 也沒想要過。維持在這狀態的好處，在於一段時間之後（十年後的同學會），萬一屆時你打算拉近跟她的距離，你有機會重新啟動。這是友情關係不一樣的狀況。

**三、被轉移成「純友情關係」**：這是男生最不樂見的結果。當然有一種狀況是，彼此雖然沒有互相吸引，但在心靈上很有交集，所以移轉到友情關係。但大部分時候，是因為男人策略失當，而被女生移轉到這分類。

在什麼情況下，男生會被女人移轉到「純友情關係」分類下呢？有沒有什麼原則大家可以注意的呢？有，其中一個男生最該注意的事，就是自在階段與時間的關係。會被女生切換到「友情關係」最主要的原因，往往都是因為男方在「自在階段」不敢拉近距離。

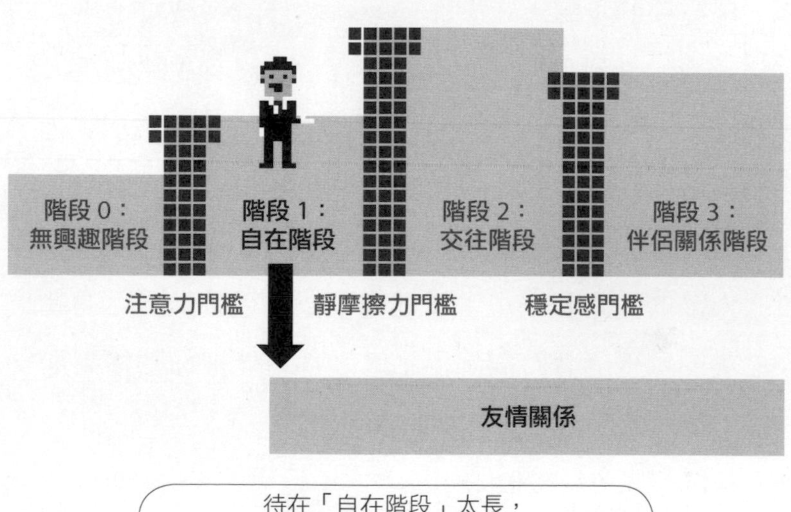


待在「自在階段」太長，
會被轉移到友情關係。

女人讓你進入自在階段,願意跟你調情時,通常表示她對這段關係有所期待。你認識一個女孩子,兩人交換了聯絡方式。接下來你們在 Line 或是 Facebook 上聊了很多彼此的事情,表示這段關係是穩定確實地加溫。所以接下來,你應該要展示你的個人特質,讓她對你感興趣,讓女人覺得有安全感。若你的客觀價值不錯,當然也可以適當地讓她知道。總之,盡量把公式上面能加分的點都突顯出來。

下一個重要的步驟,在於你要不斷地嘗試突破拉近兩人的關係。她若受到吸引,你引領正確、又沒有犯錯,兩人的感情就能逐步升溫。但反過來,如果你個人特質吸引了她,你的客觀條件也不錯,可是她對這份關係「不需要投入」(不用要求你,你也會幫她所有的忙)。那她可能就不會投入太多的力量和關注。或是你不敢親近,她對你的曖昧與心跳的感覺隨著時間降溫了。她都可能把你轉移到朋友位階,並以朋友的態度來界定你。

更慘的是,很多男生並不知道一開始就要正確界定「兩人相處的習慣」。一旦相處模式固定了,就很難調整。比方,你們出去從來都是兩人分得很開，有一句沒一句地聊，你不敢靠近。這時候要突然親近很奇怪，當然也不可能哪一天突然她靠近起來。所以自在階段的一開始，就需要正確的構築你與女生的關係。若讓關係在錯誤的形態上定型，就難以翻轉了！很多男人是最後被定型後，才想靠告白急速扭轉。

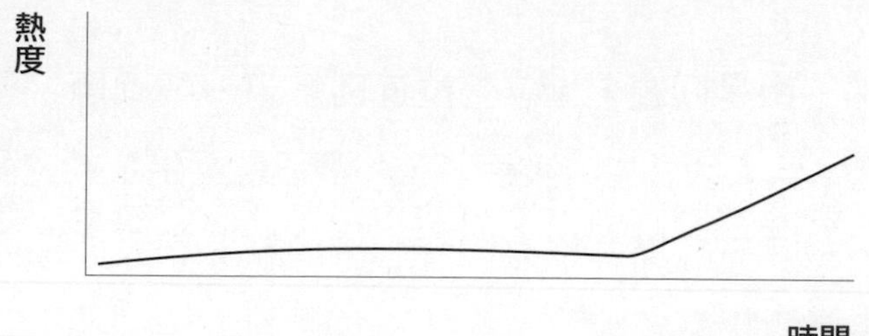


男方距離拉很遠、彬彬有禮、只敢遠遠地看著，
花很多時間觀看、不敢靠近。
等哪天突然急了，慌忙告白，想靠一擊來拉升。

你可以注意到，我花了很大的篇幅都在談「自在階段」，原因就在於這個階段會決定這段關係後續的狀況。**這個階段就是兩邊相互試探、找出平衡點、找出相處模式的時間點。**就如同水泥凝結的過程，這時候你可以也必須把兩

人的關係塑造成你想要的模式(前提是對方也不反對)。

可是你若錯過時間點，或是把相處模式的規則都讓她來設定，後續就沒什麼調整空間。若現在的相處模式不是你要的，那後續變成你渴望模式的機率也很低。**所以，這階段你必須不斷測試女方對於你的看法、對於你的情感、能讓你接近到什麼位置。**

什麼都不做是問題，太急著拉近則是另一種問題。有一種狀況是，兩人太受對方吸引了，一下子就發生了親密關係，以至於很多查核點都沒有觸發。這段關係就可能踏入另一種不平衡的狀況。

女方可能已經瘋狂愛上你，可是後續相處，你才發現個性沒這麼契合，或女方實際的個性不是你喜歡的。這時候該退後逃走，還是努力磨合兩人的相處模式，就又是個難題了。

照我的觀念而言，男女長期關係要順利穩當，兩人的**性格**、**價值觀**、**生活習慣**是一切的關鍵。若你沒有充分的時間探索，直接跳到親密關係，後續常會碰到相處問題，在「道義上」你就很難退後了。

不過，如果女方真的非常喜歡你，你也很難真的有什麼策略可用。女方對你很有感覺，願意讓兩人關係拉近的非常迅速，你還在那邊扭扭捏捏、忍耐、防守的，反而可能讓對方的感覺迅速消失，女方也會誤以為你不喜歡她。女人不能忍受被男人看成是花痴或是蕩婦，她很積極，結果你停滯不前，她會冷下來並對自己的行為感覺愧疚，最後必然疏遠。

不過，好在這不是一般人會常常碰到的問題。萬一你碰到了，我唯一能給的建議是，在跨過親密關係那條線之前，好好地往內心探索，到底你有多喜歡她。真的完全被吸引？如果是，那就加速，後續再想辦法解決。如果只是略有好感，發現對方投入的感覺明顯比你強烈，你得決定是不是該讓事情進展得這麼快。尤其你該想想，一旦過了 Point of no return 後，你真有辦法全身而退嗎？如果無法全身而退而必須負擔責任時，你又願意承擔到什麼地步？想清楚了，再往前走，千萬不要為了一時的欲望，而做出讓自己置身

困境的決策。

若一些關鍵的查核里程碑都沒達到，瞬間就進入親密關係或是越過女方的靜摩擦力門檻，事後就得回頭驗證這些關鍵里程碑。尤其女方對你的依賴程度、對你智識的認同程度。別忘了，對女人而言，只有**讓她仰望**的對象才能激起長期愛意。如果你發現後續你無法在精神上讓她仰望，往後這段關係女方的情感有可能會冷卻下來。就如同璀璨的流星發出耀眼的光芒，然後快速趨於平淡。

總而言之，在「自在階段」最好的拉升狀況是類似（圖一）。

放大來看，拉升過程則還要包含觀察、冷卻、與重新加溫的過程。（圖二）

如果在這階段都不行動，不敢拉近與女生的距離。最終狀況也只是一條平平線，最終可能被歸到朋友。之後做出任何超過朋友該有的舉動，女生可能覺得彆扭。（圖三）上面那條虛線是不斷透過冷卻加溫的結果。下方實線是始終沒有成功讓對方增加涉入度。時間拉長後可能變成朋友

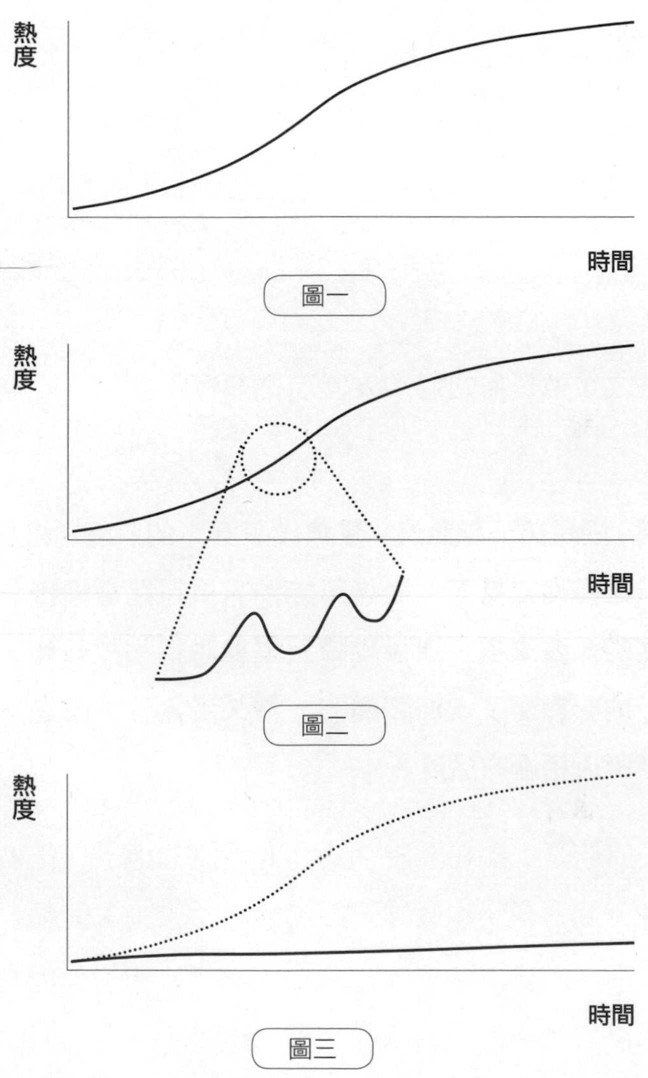
熱度
時間
圖一
熱度
時間
圖二
熱度
時間
圖三

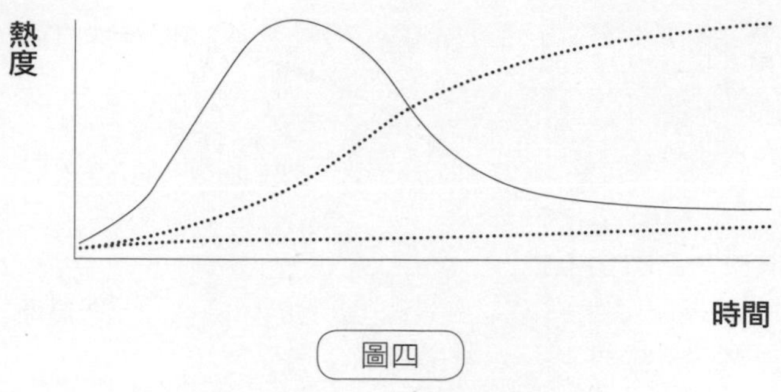


圖四

關係。之後做任何超過朋友該有的舉動，女生可能覺得彆扭。

**（圖四）則是另一種狀況，實線代表女方的熱度急遽拉高，可是缺乏基礎支持下，最後可能涉入度還是會慢慢滑落。從前面的知識來看，這段高峰只是靠激情的拉升和「環境涉入」的影響罷了。但關鍵的「持久涉入」，還是需要自我以及兩人相處的品質。**

總之，時間是「自在階段」要小心注意的因子。花太長的時間在外圍遊走，看似紳士卻可能讓女人失去興趣，歸入朋友分類。太急太快地拉升關係，或許能順利「推倒」，卻容易讓成長期關係的基礎不穩。所以正確的「加溫」來找出底限，並「冷卻」以避免衝突，等待時機點重新突破，持續讓熱度維持在界線上，是一個男人必須承擔的責任。雖然很辛苦，可是若不這麼進行，就無法確保長期關係的基礎穩固！

# 「自在階段」不拿好人卡的十八個要點

「自在階段」實在太重要了，要留意的內容很多很複雜，最後我幫大家整理出了十八個重點：

1 感情應該像網球對練，調情的關鍵在於控制發球的力道。讓對方接球並能打回來是關鍵！

2 調情的重點在於「觀察」以及「跟隨」。

3 女人眼裡的安全感不是一成不變，而是三個條件：

條件一：危險但不危險的氣氛

條件二：創造能帶著她參與的有趣環境

條件三：環境造成的心跳加速

4 你必須讓女生對感情投入心力，進而產生 IKEA 效應。人對於自己努力取得的東西，會產生涉入感。

5 馬斯洛三角形告訴我們，必須讓對方走入更高層次的需求。若男人只是試著滿足「匱乏性需求」。當這些需求被滿足了，也就是關係結束的那一天！必須要讓這段感情能滿足女方的「成長性需求」。

6 能激起她「渴望投入心力」的動力，才是吸引女人、讓她們心折的元素。女人只會愛上她們仰望的對象！

7 開場手法太隆重，會造成最壞的結果。接受高檔邀約（禮物）的女性，很可能是無法長期交往的類型，值得長期交往的則會猶豫隨之而來的代價。反而產生逆淘汰。

8 避免讓女人感到壓力與麻煩，是讓對方產生好感的關鍵。

9 追求手法盡量低調，成功率會比高調示愛來得好。

10 手做禮物在兩人正式交往前千萬別出現。自在階段只要出現這種東西，你就 GG 了。

11 大家都喜歡偶像劇情節，但跟「想像對象是誰」有很大的關聯。

12 表演性質的感動策略可以用，請等兩人真正交往才啟動，也請偶而為之。多注重平時的小體貼比較實際。

13 女人會欣賞男人對別的女人的感動表演，但不表示換成她會欣然接受。

14 苦情路線只是自我滿足，不會真正讓人感動。

15 「冷卻」與「加溫」是逼近臨界值的重要方法。太冷，表示你離對方太遙遠；太熱，則可能讓對方有壓力、並覺得不舒服。所以距離必須是機動性調整。

16 三種狀況你該冷卻：

- 美好體驗的頂點
- 突破關鍵門檻
- 對方沒反應

17 如果拉升到壓力點過不去，你必須冷卻下來。多次壓力點都過不去，則要進行更大幅度的冷卻、甚至完全停損（見課外選修章節）。

18 時間是自在階段的重要因子。太慢太遠會被歸類成朋友：太急太激進後面很難軟著陸。除非女方很積極，不然男人千萬不要急著推倒對方。

【戀愛管理第七堂】

# 跨越愛情的山丘，才能發現幸福的綠洲

——挑戰愛情穩定感門檻：如何從「交往階段」停留到「伴侶階段」

翻轉你自以為是的愛情觀！
我一直把你當做
愛情想不拿卡，
得避開錯誤策略
我覺得我們
不適合
戀愛要成功，
八件絕對不能做的事
有心儀對象之後第一件要做的事：
丈量「心的距離」
為愛往前飛
心慌亂我給你慰藉
情人節
那是什麼東西？
可以吃嗎？
步步為營
經營愛情！
感情熱度
量測表
其實你不懂她的心
你是個好人，
我們不適合
請收下！
這是你的卡片
兩性皆適用
為何會拿好人卡？
愛情不拿卡要領
老師的九堂戀愛管理課，
翻轉你自以為是的愛情觀！
不想拿好人卡
我們不適合
你是好人
學會軟著陸，
別把愛情恰恰跳成戀愛卡門！
跨越愛情的山丘，
才能發現幸福的綠洲
愛妳愛我，
我們愛這個錯？
其他重要愛情知識
一直把你當做
情人節
我不要當好人

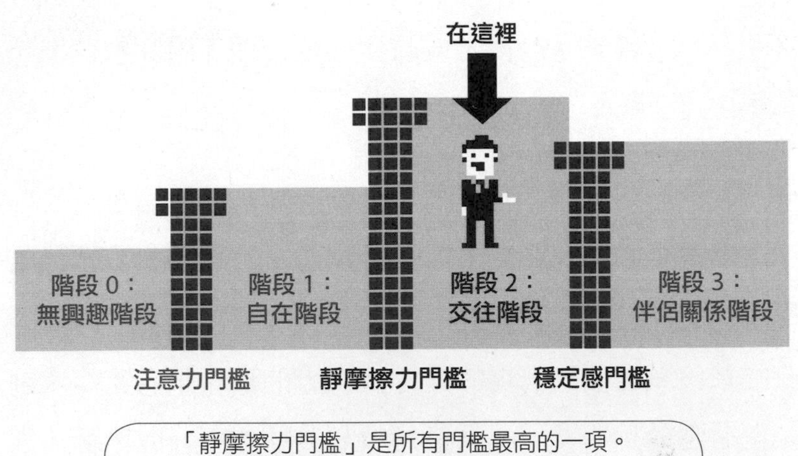


「靜摩擦力門檻」是所有門檻最高的一項。
「穩定感門檻」的高度則反而降下來了。

「靜摩擦力門檻」的概念告一段落後，接下來在【愛情管理第七堂】中則要簡短地談談女性的「穩定感門檻」：這門檻主要是女性用來決定一個男人是否值得長期在一起，甚至託付終生的評判關鍵。

好消息是，這門檻的達成條件並不像「靜摩擦力門檻」這麼高。以「靜摩擦力門檻」而言，女人從陌生的狀況認識你，對於是否要跟你親近會顯得謹慎、考量也比較多，畢竟她們會怕男人的示愛只是短期的。只是貪圖自己的美色，或有其他目的。但當兩人順利交往了一陣子，彼此有

了信任以及情感基礎後，後續變成伴侶關係的評判標準也就不會這麼嚴苛了。

聰明的你一定猜到，有好消息，那應該也有壞消息。答對了！壞消息的部分在於，「交往階段」跟長期的「伴侶階段」所需的要素不太一樣。如果你沒有意識到這點，兩人交往後沒有正確的表現特質，從女方的觀點來看，你或許是個有趣的男朋友，卻未必是放心長期走下去的伴侶。很多男人在交往後就開始鬆懈了，或沒有正確投資「伴侶階段」所需的要素，以至於沒有累積進入下一階段的能量。要讓女人放心把自己託付出去，雖然總分數沒有前階段嚴苛，但考量的層面卻更加廣泛。

一段品質良好的長期「伴侶關係」，除了需要持續拉升對方的涉入度、也要積極處理與對方的衝突，更要累積對方在這段感情上的沉沒成本！如果相處契合，加上彼此好好經營，這份感情就能穩定長久。但不契合，又缺乏妥善經營，交往過程可能紛爭不斷，女性對於是否能跟你穩定下來也會抱持懷疑。

相信大家身邊都看過一些例子。男女雙方交往了一陣子，可是等到適婚年齡，女性卻跟男人分手嫁給別人的故事。對女性而言，結婚要考慮的要素比男性多，也因此比男人理性、要求比較多、也會增加很多不存在於「交往階段」的篩選條件。女方若覺得男人性格不可靠、經濟不牢靠、忠誠度有疑慮、婆媳關係會擔心、或覺得不值得為他犧牲這麼多，都可能拒絕跟這男人走入「伴侶階段」。所以要成功踏入「伴侶階段」，必須讓女方有足夠的穩定感。這也是為何「伴侶階段」前豎立的門檻，被我稱為「穩定感門檻」。

如何通過「穩定感門檻」呢？以下是通過門檻必要的元素。

**「穩定感門檻」突破的公式**

**＝**

**長相不討厭＋涉入度＋物質安全感＋沉沒成本＋其他客觀加分－相處的衝突程度**

- **長相不討厭：**如果你們交往了一段時間，這要素相對就不重要了。但如果兩人是相親，對方要在很短時間決定是否嫁給你，這就還是一個重要的篩選條件。女人並沒有

非帥哥不可，但容貌打理整齊，穿著得體還是必要的。這部分的詳細內容，可以參考【戀愛管理第三堂】「注意力門檻」的內容。

- **涉入度**：對方有多「自發性」的重視這段關係？跟你在一起是讓她開心興奮的事情？她願意投入心力提升相處的品質？她願意為你做某些犧牲？如果兩人順利交往一段時間，你成功地透過調情（觀察與跟隨），以及冷卻與加溫來跨越對方的心理里程碑，對方在這部分應該累積充分的能量。若嫌涉入度太繞口，你也可以用「愛」這個字來取代，換言之，就是**對方到底多愛你？**
- **物質安全感**：這是很現實的問題。就算如今男女平等的社會，經濟議題不免還是很多女性重視的要素，也覺得男人必須對此負起大部分的責任。所以你在經濟上能提供多高的安全感？是否能讓她以及未來的子嗣穩當安心？這點若分數很高，對於突破「穩定關係門檻」會有所幫助！當然，對方若本身的經濟能力強，這塊的重視度可能就較低，可能更重視自己是否愛你，兩人是否有好的相處品質等。至於女方若相對在經濟能力上較弱勢，或成長過程中常常為錢煩惱，這項目的權重就有可能較高了。

另外，如果你存款不多、經濟能力不佳也不用因此喪志，很多女性其實更看重「未來性」。如果你很上進，或是她對你有某種「將來會很了不起」的信念。就算現在物質安全感不夠穩固，她也可能義無反顧地願意跟你一起走下去。簡單地說，**這項要有基本分，但女方對這段感情的涉入度更重要！**

- **沉沒成本**：沉沒成本指的是女方對這段關係的投資狀況。這裡所謂的投資並不是感情的投入。因為感情投入已經有一個獨立的評分，也就是「涉入度」。但「涉入度」跟「沉沒成本」差在哪裡呢？「沉沒成本」指的是女方對這段關係因為投入了時間以及金錢，以至於放棄會**感到可惜的程度**，以及女方對於**跨出安適區的恐懼情緒**。講的簡單些其實就是「習慣」二字。

舉例而言。女人可能沒有非常愛她交往五年的男朋友。

可是畢竟在一起這麼久了，兩人相處習慣了、兩家來往很密切了、已經花了很多時間磨合歧見、萬一分手會失去很多男方提供的好處（接送或是冬天有人暖腳），或擔心分手後未必能找到類似條件的男人。這種對現況的安適感以及對未知的恐懼，有可能讓她覺得一動不如一靜，決定跟這男人繼續走下去。雖然我個人覺得這樣的理由講起來還滿悲哀的，但這確實也是維持一段感情的原因。

若男人非常渴望結婚，靠這項分數當基礎當然算有利。可是若想要建立「好品質的伴侶關係」，僅靠這點來維持就不是好事。因為這些要素只反映對方「害怕離開安適區」。如果女方放在「沉沒成本」的權重高過她對這段感情的「涉入度」（習慣多於愛），那表示男方只是「雞肋」。哪天女人碰到真正吸引她的男人，很可能就離開了。

也因此，「沉沒成本」雖然是維護長期伴侶關係所需要的要素。萬一其他得分很低，獨獨這項分數很高，男人就該有所警覺，並在其他層面多下些功夫！

- **其他客觀加分**：家世背景、學歷、職業、頭銜、衣飾品味、車子排場等。物質安全感的輔助。這些也不該是你分數比例最高或次高的項目。

- **相處的衝突程度**：這是本書所有公式中唯一前面跟著「減號」的。意思是說，要走入一段長期關係，兩人的衝突越少越好。當然，兩人來自不同成長環境，多少會有些看法意見不合之處。但這些衝突不能占日常生活的大半比例。所以，上面那些要素的總分加起來後，不能在這項被扣掉太多分。如果每天相處總是衝突不斷，女方也會猶豫長期相處的狀況。如果女方沒有想到這問題，男方也得負責考慮兩人是否真的適合長期在一起喔。就算兩人很相愛，可是生活上總是紛爭不斷、意見南轅北轍，每天都在痛苦中磨合。就現實而言，這段關係又能走多久呢？日後若有小孩，可能一家子的關係更辛苦了。以我的觀點而言，小孩通常為婚姻帶來更多的歧見與爭執。若只有兩人相處都覺得彼此觀點格格不入，隨著生活責任越來越重，爭議只會增加而不太可能減少。所以

要走入長期伴侶關係前，請確認這項沒有扣去太多總分喔！

**最後**

我在此也提醒大家，要成為一個成熟的大人，最終得學習長期伴侶關係的經營知識。這些知識可能比「如何不拿好人卡」來得更複雜。畢竟不同背景的兩人要長期相處融洽可不是簡單的一件事，也是每個人都將面臨的重要人生課題。兩人就算再怎麼相愛，也不會像童話故事因為結婚而從此過著幸福快樂的日子。伴侶階段反而是人生的新冒險！如何跟伴侶在這新的旅程中相互提攜、累積幸福，其實是不容易的，必須注入更多理性、更多正確的策略，以及扭轉更多的錯誤直覺！

但因為這本書的重點不在談伴侶關係，所以我就僅在此提供大原則。更多知識或許日後另文處理了。

【課外選修】

# 其他重要愛情知識

翻轉你自以為是的愛情觀！

我一直把你當做

愛情想不拿卡，

得避開錯誤策略

我覺得我們

我不要當好人

不適合

戀愛要成功，

八件絕對不能做的事

有心儀對象之後第一件要做的事：

丈量「心的距離」

為愛往前飛

心慌亂我給你慰藉

情人節

那是什麼東西？

可以吃嗎？

步步為營

經營愛情！

感情熱度

量測表

請收下！

兩性皆適用

為何會拿好人卡？

愛情不拿卡要領

老僑的九堂戀愛管理課

你是個好人，我們不適合

其實你不懂她的心

學會軟著陸

別把愛情恰恰跳成戀愛大門！

心才能發現幸福的綠洲

跨越愛情的山丘，

拿卡 不想 好人 我們 不適合

你是好人

愛妳愛我，

我們愛這個錯？

其他重要愛情知識

我一直把你當做

情人節

我們一直都是好朋友

我不要當好人

那是什麼東西？

感動其實是負面形容

不好意思

到目前為止，跟大家分享了整個女性的情感框架、愛情靜摩擦力模型、男人該避免的錯誤、更談了突破三個門檻的核心知識。接下來在這【課外選修】的章節中，我想談三件額外的愛情知識：就長期而言，男人該在兩性關係中扮演怎麼樣的角色；哪些女人其實不適合多花心力，以及感情建立過程中如果狀況不佳，我們該如何設定退場機制。

為何會想多放這三篇內容在【課外選修】呢？因為我希望男生在追求女生這件事情上，不要只想著衝。有時候幫彼此留有空間、停止追求，反而才是保持長期關係的最佳態度！

我們喜歡某個女生，不表示對方一定適合自己。人與人還是有磁場的問題存在。以學生時代為例，班上這麼多的同學，總有人跟我們臭味相投，但也有些人我們跟他聊不太來，甚至容易起紛爭。性格接近的人，只要自己不做蠢事，感情通常是可以很長久的。但那些性格跟我們差異很大的人，就算小心翼翼，還是可能衝突不斷。對於後者，保持距離可能比不斷示好來得更合宜。

當你發現有些女人不討厭自己，但卻始終無法繼續拉高她們的涉入度，那我們得有個方法「優雅的退場」。自己年紀越大後我越理解，彼此相互吸引的對象，未必表示兩人能順利相處。勉強在一起，可能磨合半天卻始終爭吵不斷，最後只是徒然誤了彼此。所以男人要有能力從大局的角度觀察與思考，而非只進不退。

**請記得：所謂良好的長期關係，並非僅指兩人能長期親密交往；就算不能交往也要讓彼此得以維繫在一個輕鬆的人際關係上。**

能否交往有時候真是得看緣分。但就算兩人無緣，我們也得好好的處理整個過程，盡量不讓雙方難堪，尤其更該盡力保住這段人際關係的火苗。放長了來看，所有人際關係在未來都可能以原本無法想像的狀況，重新跟我們發生連結。今天或許無法當男女朋友，但未來可能因為現在的這段交情，而有工作上的合作，將來她能幫自己一把，或是一起合作什麼案子。當然，也可能十年後兩人再碰到，發現各自因為歲月的磨練而成熟了、過往的差異消除了，反而更能真正開展感情。若我們沒在今天保持住這份人際關係、甚至弄得雙方仇視，未來所有的可能性也就不復存在了！

換言之，我們除了知道不拿好人卡的知識，也得培養自己成為女人會喜歡的人，不當恐怖情人、不過度追求、不造成別人困擾。簡而言之，不想當會拿卡的好人，但我們還得是個好人……

# 不想拿好人卡，也還得是個好人

我曾經收過讀者來信詢問感情上的問題，這些信大概類似下面這些問題：

「怎麼讓討厭我的女人回頭？」

「告白失敗了怎麼逆轉？」

「怎麼離間女人新交的男朋友來跟我交往？」

「怎麼讓做錯的狀態從頭來過？」

透過這些問題，我才發現很多人雖然讀懂了「不要告白」、「不要告訴朋友」、「不要給壓力」這樣的概念，但似乎還僅停留在「技術性」的理解層面，對於背後核心精神還是有所誤解。

可是啊，要徹底離開好人卡的人生，就必須從感情的核心要素上產生根本性的理解才行！我對於提出這些問題的朋友，通常都給予一個非常一致的答案，也就是：請先停止行動吧！

我猜恐怕有一部分的讀者也是處在類似的情境：搞壞了某段關係，而想從書中找到能夠一發逆轉的特效藥。但可惜的是，人際關係通常很難有特效藥。而且關係會搞壞，往往也有很多原因。冰凍三尺非一日之寒，要快速逆轉通常是不容易的。所以對於關係已經很緊繃的讀者，我也會誠懇地建議，請先後退幾步為佳！

原因在於，當你急著逆轉、反攻，已經讓自己入了魔道。很可能每天鑽牛角尖、急於表現、一直覺得對方誤解了、一直想解釋，這些心情都可能讓你做出不適當的行為與反應，最後更容易傷己又傷人。

我一直以來的概念是，追求的過程應該如同商業行銷：你的目的是讓客人在沒有壓力的狀況下，展示手上的商品（也就是你自己），並讓對方因為感興趣而「慢慢的靠攏」。可是當我們開始為了「逆轉」而努力時，已進入「過度執著」

的心智狀態了。在這心智狀態下，大部分人的出發點往往不是因為愛，而是因為不甘心。不甘心指的是，「我這麼愛她，她怎麼可以不回應」，或是「我已經投入這麼多了，我實在無法放下」的這種心情。

不甘心的心情會讓人慌亂、讓人苦惱，更會讓人沒辦法做出「正確的事情」，包含落落大方、從對方的角度思考、創造輕鬆無壓力的環境等。也因為無法正常的表現自己，無法控制情緒、容易斤斤計較，若放任自己繼續下去，最後往往是壞多於好。在這種情況下，人們會做出很多當下覺得該做，但事後很後悔的行為。只會讓原本沒有想躲你的人開始躲你，讓本來不討厭你的女生再也不想見你。「執著」到了最後，只是造成自己的痛苦以及別人的困擾。

所以這時候最好的選擇是，先退開、先退遠，放鬆自己、丟掉那種「錯過這個將悔恨一輩子」的心情。等這份心情退去，才能客觀的分析後面該怎麼辦。

已經做錯的行為，不可能一下子要女方忘掉。已經產生的誤解，不可能你抓著對方解釋就能讓她理解。已經對你產生的不佳印象，更不可能送個禮物或寫封情書就改觀。甚至周圍朋友都知道了、對方也開始有所防備了，你又如何讓這些事情重來、當作一切完全沒發生？人生並不是電玩，無法輕易的 Reset。既然無法重來，與其繼續衝撞，讓狀況變得更糟，不如退開更佳！

畢竟男人會做那些不該做的事情，表示在戀愛場子的經驗還很淺。加上會搞到女生閃躲，也必然是過程中「執念太深」：給對方的壓力過大、步調過快、太急著看到成果或是要求承諾，造成對方害怕。場面都已經搞成這樣了，現在想要逆轉，其實是很難的。這時候唯一能做、該做的，就是先拉遠距離、不讓關係惡化到無法收拾。再來就得靠「大量的時間」來沖淡女方心中的壞印象。等個一年半載，對方印象淡化後，或許還有機會。但現在要做什麼都是無謀的了！所以，先放下對方並放過自己，絕對是對處在這狀況的人，我能給予的最好建議！

可是大部分人通常會說：「我會做這些蠢事，都是因為我

太喜歡她了啊！我控制不了自己啊！」

這心情我完全理解！但這絕不是繼續做蠢事的理由，再怎麼「喜歡」也不能允許自己任性下去。絕對不能因為狂熱情緒、無謀表態，而招致別人討厭（這樣只會讓我們離目標越行越遠）。

當我們一心想逆轉時，其實面臨的問題已經不在於怎麼影響對方，而在於「如何影響自己」：如何控制自己過度膨脹的愛意。如果我們不能冷靜，不能以一種溫和、自信、距離適當的方式接近女孩子，同樣的問題只會不斷重演。所以先讓自己冷靜下來，理性的思考下一步，是很重要的步調！

除此之外，當別人持續拒絕自己時，另一個最該自我探詢的問題是：「如果我真的有自己想得這麼好，為何對方會不喜歡我？」思考這問題可比整天想著「可否逆轉」以及「怎麼逆轉」來得更有意義。一般來說，追求失敗不外乎下面三大原因：

1. **接近方法不對。**自己確實是不錯，只是追求手法錯誤或太過笨拙而只讓對方看到壞的一面。

2. **對象不對。**自己不錯，只是擁有的特質剛好不是對方渴望的。女孩要的剛好都是自己沒有的素質。再不然就是兩人雖然相互吸引，但性格南轅北轍。雖然彼此喜歡，但性格差異造成兩人無法好好相處。

3. **根本的能力不夠。**女孩子瞭解我們，覺得並不適合她。這可能是性格、可能是其他外在條件、或是本質性的東西不足。

我書中的知識，即是希望不要讓第一與第二點的狀況阻礙了我們。至於第三點，則就不是「技術」、也不是光靠瞭解女方的思考模型就能改善，必須從本質上加以調整。無論是知識面的提升、眼界面的開拓、合宜的打扮、外貌打理、經濟能力的提升、不讓他人不悅的談話方式、無壓力的相處方式，以及禮貌的應對方式等，其實有很多很多東西可以

學！更重要的，要在心態上培養大氣以及大度的處事風格。這些雖然是需要長期的努力，但也是在累積我們個人重要的價值。不單單在兩性關係中會讓我們獲得回報，在任何其他的人際關係上，這些努力也是很重要的！所以，弄懂前七堂的愛情知識之外，我更希望大家要持續且全面性的變好！

講到這裡，另一個要提醒的部分，在於希望大家不要把書中的內容過度解讀。看我文章寫「過程要冷卻」，理解成「故意對女生冷淡」。女方明明都顯露出高度的興趣，反而故意裝酷或不理人家好幾天。這是完全的誤解，甚至弄巧成拙。

我所謂「冷卻」，指的是不要過度一頭熱。過度一頭熱，過度自以為是的展現心意，往往會讓女性感受到壓力以及不安。所以引領一段時間，就要停下來看看對方有沒有跟上來。「冷卻」就是放鬆那根扯緊的繩子。對方若繼續跟上來當然就可以持續加溫，若沒跟上來卻不斷加碼只會讓對方抗拒力變大。

換言之，「冷卻」並不是故意耍什麼冷酷，也不是耍詭計弄權術，而是讓男人們可以透過一些簡單的小技巧確認自己「走在對的路上」。在心態上，正大光明，考量長遠，才是談戀愛這件事情最重要的心態。

當然，我也可以理解，初踏入愛情遊戲，男生總是難以避免患得患失。可是自己得想辦法排解這份不安與恐懼。如果每天當柯南，每天捕風捉影、胡思亂想，最後只會落得日日痛苦、天天難過、整天猜對方在幹嘛、每天叨念對方有沒有想自己。一旦心思變成那樣，除了證明我們**正走在一條錯誤的道路上**，沒有別的狀況。

只要你持續成長，終究有一天你會發現戀愛帶來的感覺跟過去大不相同。當你累積足夠成熟又碰上適合長期相處的對象時，戀愛會讓人覺得充實、覺得平靜、覺得溫馨、覺得自在。屆時回頭來看，肯定會發現過往那種患得患失、抱持「需要小心捧著」的戀愛，根本可笑至極！

至於那些讓人不能情緒平穩的戀情，照我的偏見而言，其

實全都該停止。好吧，講停止或許極端了，可是確實該讓步調緩下來。先想辦法找出自己哪裡出了問題，太咄咄逼人？缺乏女方想要的某些條件？還是太急著對方點頭答應？**千萬別以為心中滿溢的負面情緒代表濃郁的戀情。那完全是誤解！**愛情中過度的負面情緒，除了把人毀滅，幾乎沒有好處。至於持續患得患失的心情，通常也代表自己或女方還不夠成熟。這些也都不該是正常長期關係中會出現的東西。所以要成為一個好的男人，我們得不斷地修心。

畢竟從我的觀點而言，**長期關係的起點，終究還是建立在「自己必須是個好人」**我所謂的好人，並不是那種隨招隨到、會修電腦、會買早餐、或是低聲下氣百般討好的男人。而是我們必須成為一個有氣度、溫和、體貼、關懷、包容、不計較、有想法與見解、有智慧、有擔當、不以自己認知的方式示愛、不以充滿侵略性的方法接近，保持一個適度兩人空間的男人。這樣的男人，肯定所有女人都會喜歡。

男人希望在戀愛中獲得某些東西，女人也是一樣。她們會以自身的需求來考慮接受誰或拒絕誰。若女人瞭解我們之後卻拒絕了追求，很大的機率是因為我們沒有她要的特質，或是兩人的短長線目標不同。比方說她急著想結婚我們不想、她覺得彼此的性格差異很大，或是她覺得我們還沒有能力承擔一個家。

這時候，與其繼續糾纏，還不如好好把時間花在自我改變或是換個目標。與其掙扎，不如堂堂正正地接受市場的評價。試著把這份痛苦吞下去、逼迫自己變得更好，以求日後能拿出市場可接受的東西！

總之，不要原地踏步、不要自我洗腦，不要繼續講自己有多愛對方、不要一直想如果能回到過去該多好、不要去想怎麼讓對方忘記你拙劣的技巧。試著 Move on，把這類心思放在提升自己，放在努力讓自己本質上能變得更好之處。

到底什麼是「好」？好並不是自己認為好就夠，必須是市場要的價值。還是得從女性的角度來思考，評估自己在形

象上到底給別人什麼感覺？穿衣打扮是否能更合宜？好好刮鬍子，換個有精神的髮型，穿著不要太邋遢，都是可以簡單達成的。而不需要故意邋遢以期望「別人會看到真正內在價值」。如果我們的外表讓女人看了就想逃避，當然也就錯失讓她們認識我們精彩內在的機會。

若能把各層面的自己都盡量提升，加上不要再犯愚笨的錯誤，勝率自然就會慢慢提升了！逼自己繼續在知識面、眼界面、態度面、能力面，以及精神面努力提升。就算不是大帥哥、就算沒有好家世，靠自己一點一滴的改善，最後還是能開始散發吸引力！

若沒辦法一下提升自己的條件，最少要學會控制自己的心。把那些會嚇跑女生、造成對方壓力的焦慮收起來。這樣，就算過程中笨拙一點、無趣一點、都還是有機會的。

至於那些已經把狀況搞砸了的人，我再一次衷心建議你能先退後。請先處理自己的心，控制自己的執念，並讓自己在這次失敗中成長。讓自己更豁達、更包容、有眼界、有智慧、有能力、並更有趣。

等這些有了，我們就是曖曖內含光的鑽石了。這時候只要方法合宜，女人就算不喜歡你至少也不會討厭你。戀愛不是一次決勝負，而是一個長期的努力。今天被拒絕沒關係，只要從這裡爬起來，不斷讓自己更好，總有機會逆轉。可是若只執著於今天就要逆轉，反而容易把關係搞壞，甚至做出恐怖情人的行為，就完全無法修補這段關係了！

讓自己不斷成長，石頭肯定越撿越大；但若只是沉溺於過去，我們終將一無所獲。

# 哪些女人不適合交往？

當然，無法順利過渡到長期的伴侶關係，除了我們男人沒準備好，也可能我們遭遇了不適合的女性。這也是為何我在整個接近步調，多次建議大家要停留在「自在階段」一段時間。對方在這階段會仔細地觀察我們，但事實上，這也是我們好好觀察觀察對方的時機。

我自己的觀念是，長期關係要穩定，必須有三個要素：

- 生活習慣相近
- 價值觀類似
- 對方沒有「自己無法忍受的缺點」

人們很容易因為一些小事而「感覺」愛上對方。戀愛初期，我們會覺得只要相愛一切問題都能克服！可是熱戀期終究會過去，這份信念也會轉變。會從「我們一定能克服問題」轉變成「對方若夠愛我，應該要為我改」，最後會變成「我們個性不合、對方真是自私」。換言之，仰賴愛情來磨合習慣是不切實際的。一段關係能順利維繫，通常都是因為兩人要改的地方少，上面三點都能互相契合。至於那些三點差異很大的情侶，感情的失敗率是很高的。

## 所謂生活習慣

兩人平時的各類喜好。自己吃素，但對方吃葷。對方是虔誠的教徒，而自己完全沒有信仰。自己是深藍，對方是深綠。自己喜歡整齊，對方大而化之。自己吃辣，對方吃得很清淡。自己抽菸，對方討厭煙味。自己嚴格規劃生活，對方喜歡自由隨性。自己週末喜歡運動爬山，對方只喜歡在家看電視。生活習慣不相近，雖然未必起衝突，但就多了一些需要彼此配合的地方。兩人的互動與共同記憶也會較少。

如果是能輕易讓步的小事，當然沒問題。但有些生活習慣，如宗教或政治傾向常常是難以徹底改變的，往往就是有一

方得持續配合或隱忍，但這都是潛在的衝突點。當持續讓步的一方疲累或是感情趨緩時，就可能爆發磨擦。所以生活習慣差異越大，潛在衝突點就越多，而長期伴侶關係的維護上也就注定比較辛苦。

## 所謂價值觀類似

在關鍵決策上的看法。你想離職創業，可是女方覺得男人應該工作穩定。你覺得婚禮樸素就好，可是女方卻覺得應該要有十二禮。其他如兩人出去玩誰該出錢？年終獎金該存起來，還是去買台車？東西壞了該修還是換新的？出去玩是跟團坐遊覽車好，還是自助好玩？甚至家事該怎麼分工？

這些問題都沒有標準答案，更無法判定誰對誰錯。可是價值觀差距太大的，相處上就可能有很多爭論。兩人要出去玩，光是怎樣玩可能就夠兩人辯論整天了。常有辯論，當然就容易彼此掃興。長期下去，生活可能會累積很多怒氣而非美好的回憶。

## 所謂「對方沒有自己無法忍受的缺點」

每個人心裡都有一些規則是絕對不准別人跨越的。比方一方有潔癖，不能容忍房間弄亂。有些人絕對不能允許別人遲到。有些人不能容忍伴侶多看別人一眼。有些人要求伴侶得跟他／她一樣非常孝順。有些人不能容忍家裡有寵物。但有些人則希望伴侶一定要愛自己的狗。

如果自己嚴格在意的問題，別人不當一回事、或對方達不到我們的期待，兩人就會起爭執。最後雙方都很痛苦，甚至相互造成傷害。人當然都有缺點，但如果有某些議題你完全無法讓步，那一開始就不要跟有這樣問題的對象交往！

以上三點是一段高品質的伴侶關係一定得有的要素。如果無法達成，通常這段關係沒辦法走得太遠。就算很喜歡對方，可是若跟對方生活習慣差異過大、價值觀大不相同、對方又有一些你覺得非常嚴重無法容忍的缺點，那請不要繼續靠近。若讓對方喜歡上自己，結果卻造成兩人每天吵

架、一心想改變對方，並非好事啊。

此外，我又列出了八點我覺得恐怕不適合走入長期伴侶關係（甚至不適合交往）的女性類型。當然，這裡的概念都是一般論的原則，大家還是得根據自己的情況進一步的分析才是！如果你們已經在一起，而且彼此都覺得適應良好，千萬不用因為我的觀點而急忙跟對方分手。

## 未必適合交往的類型

・自我評價過低，過度缺乏安全感

有些女性很容易沒有安全感。表現出來的態度，是容易擔心「男人不愛她了」。隨口稱讚電視上某個女星很美，她覺得你是不是嫌我醜了？路上多看別人一眼，她可能也要氣嘟嘟一下午。一通電話沒接到，她發一堆簡訊要你回電。當然，女人都是需要哄，這些表現也可能只是撒嬌、只是需要多取得一些男人的關注力。小任性若適當，確實可以增加兩人的親密感。

但如果女方太沒有安全感，事事擔憂、天天查勤、隨時鬧情緒，確實會讓人疲於奔命。如果男人的經濟寬裕、時間多，這類女人照顧起來或許會很有成就感。心裡可能會有「原來她這麼不能沒有我」的優越情緒。但若男人無法隨時抽出時間，這樣的女人就會讓人困擾了！工作壓力大又需要安撫女朋友這種蠟燭兩頭燒的狀況時，男人可能就無法好脾氣地哄她，最後可能就變成兩人大吵架。

除非是很有耐心加上經濟與時間都很充裕的男人，不然安全感低落的女人很難妥善照顧。無法全心全力下，最後往往只是讓對方更沒有安全感。

而且缺乏安全感的人，其實很難透過另一個人補強。覺得自己沒價值的人，就算我們努力說服與安撫，她還是會很恐懼。而且外人給得越多、照顧越全面，她反而更害怕既有的幸福終究哪天會失去。這份害怕的情緒，會讓她增加控制欲望。而這些控制欲終究讓「被控制者」反抗，於是感情不免還是會碰到狀況。

- 精神不安定

有些女孩子的挫折忍受度或是耐心極低，很容易因為一些

狀況而歇斯底里。這類歇斯底里甚至非常誇張。大庭廣眾下就跟你吵起來，或是你在開會不能接電話就拚命狂叩，生氣時會嚎哭、大叫、摔東西、砸家具的。更極端的可能有攻擊傾向，甚至自我傷害。

當然，這類行為的背後恐怕有不一樣的起源。有些是家庭、有些是從小沒有安全感、有些是之前失敗戀情背負的包袱，也有些是男方態度造成的結果。無論如何，情人若容易暴躁易怒，平時就得花時間進行安撫與照顧。這就得考量一下自己能不能這麼全面的照顧對方。

這跟女方缺乏安全感類似，除非自己有充分的時間與金錢，而且對那些無理取鬧的行為不覺得生氣，當然可以試著維持下去。可是若男方因為這類的爭吵而覺得疲累，或是因為無理取鬧覺得惱怒，那這段關係其實並不平等、也必然很難長期持續。要長期忍耐、小心翼翼地面對另一個人不穩定的情緒，是很困難的一件事，並不是所有人都能做到。就算自己很愛對方，難保不會有一天超過忍耐極限，最終有可能還是會辜負對方。與其如此，不如一開始就承認自己的極限，而不要走入難以避免的悲劇路線。

## 未必適合走入伴侶關係的類型

• 常提出超過男方負擔的要求

男女之間資源怎麼分配？恐怕每對情侶各有見解，我無法說哪種模式最佳。重點在於：只要當事人覺得沒問題，彼此有共識即可。但有一種狀況男方是要注意的：如果女方常常要求超過男方經濟負擔的東西，或是從來不考慮男方的能力與狀況，那恐怕得小心。

如果女方對這段感情的涉入度高，通常不會希望男人太辛苦。生存必要的花費投資，或許會要求（買個昂貴的嬰兒車之類），可是不顧男方狀態不斷要求各類享樂，那就不是一個正面的指標。表示她在其他層面的重視度更高，而對男方的愛情分數相對較低。

我自己曾經親眼看過，某女同事在西洋情人節時因為看到周圍女生收到的禮物花束比自己多，於是憤怒地打給幾個正在追求她的男生，要求他們趕快送禮物（以及花）來公

司的例子。不管這些男人是否在忙，也不管他們是否感到困擾，當下她唯一的心情就是不能輸給其他女同事。

雖然我不知道這些男人有沒有搞清楚狀況，但這件事情倒是很明顯可以觀察出來，她沒有很喜歡這幾個追求者。也因為沒有很喜歡，要求起來就很直接，絲毫不覺得會造成他們的困擾。這些男生要是沒能察覺這點，還期待跟她長期交往，恐怕之後都會很受傷的！

- 習慣拿你跟別人比較

這樣的行為背後起源很可能也是當事人缺乏安全感，她的自尊心需要靠伴侶或是小孩來幫忙爭取，所以會跟其他人比較自己的男朋友、老公、甚至小孩的成就。贏了高興自然沒事，輸了就會把壓力移轉到男方或小孩身上。

「阿珠的老公賺得比你還多，你這樣怎麼行呢？」

「你可不可以更上進呀？」

「小美的男朋友都帶她去巴黎玩，你只帶我去八里，太讓我失望了！」

這是不是致命缺點？要看男方能力與女方夢想差異多少。如果男方狀況不錯，偶爾這類刺激可以當成奮鬥的動能，更努力往上。但若男方的能力跟女方期待差異太大，就有可能持續無法達成她的要求。先不說女方最後會不會因為失望而換人，男方長期被批評下可能會覺得痛苦難耐吧？部分男人甚至還會因為奚落而做出反擊的行為。這也是認識初期，該小心觀察的一種危險類型。

- 家世背景差異太大

我一直覺得古人「門當戶對」的概念很有道理。倒不是我覺得窮人跟富人不能在一起，而是好的伴侶關係，其實仰賴兩個人得有足夠的相似性（生活習慣及價值觀等）。可是我們很多生活習慣的養成，都是從原生家庭帶來的。也因此兩個家世背景差異太大的組合，通常生活習慣也不太相同，這也間接的造成兩人會有較多差異點得相互調適。

此外，一般社會給予男人的壓力較大。如果兩造家世背景的差異是男方較富裕，他可引領女方進入更優渥的生活，

不至於讓男人覺得自尊心受傷。如果是女方的家世背景較好，很多男人會很難調適。讓女方家負擔經濟壓力，會覺得面目無光。就算不靠女方，小夫妻完全自己打拚，狀況也不會比較好。因為女方可能僅是希望獲得一些在原生家庭就有的享受，可是對男方而言卻是一筆很重的負擔（甚至覺得是浪費）。不給她，自己看了難過；給了她，自己又壓力很大。常此下去，兩人必然很辛苦。

- 金錢的價值觀差異太大

講錢雖然庸俗，卻是兩性關係中最容易吵架的問題，我建議大家一定要小心關注。

不過，有人可能會好奇，這跟門當戶對難道不是同一件事？其實不是同一件事。有可能兩人成長背景都很類似，但用錢的價值觀卻是南轅北轍。同樣出門旅行，你願意花錢「吃」好一點，可是對方覺得「吃」要盡量節省，但「住」倒要很高級。買電器用品，你覺得規格剛剛好的，每兩年可以換新，可是對方覺得要買就要買最頂級的一次用十年。住你願意花多些錢租在市區，但對方覺得花時間搭車沒關係，可是希望租金能省一些。你很樂意搭捷運，可是對方覺得要有自己的車子。衣服你喜歡買名牌，但對方覺得便宜夠穿就好。

講起來好像很好笑，但是這種用錢的價值觀差異其實非常致命。因為男女關係中最容易產生爭執的議題就是「資源分配」。尤其小夫妻的資源有限，如果兩人對於錢的用法沒有共識，那這段關係幾乎注定很難走得長遠。一場旅行，你想吃好住好，對方只希望多留些錢買名產，必然最後某一方得妥協，也必然得折損一些快樂度。長期而言，這段關係當然就顯得較危險了。

- 女方把婚禮看得太重要

如果一個女人很愛你，她會希望留下更多的資源在日後。可能是將來買房子、可能是生養小孩、也可能是兩人去哪裡玩的旅遊基金。雖然對所有女性而言，婚禮多半都是一個長年的憧憬。她們希望在婚禮那天成為所有人注目的主角，往往要求會多一些。也因此，有所要求是可以理解，也是正常的。但太誇張的，可就是一大問題！

像我有聽過一些朋友的故事是男方明明經濟不寬裕，但未婚妻還是希望男方借錢辦很華麗的婚禮。男方溝通半天，最後還是借錢讓女方如願的故事。

這些都透露了三個警訊，一方面兩人金錢價值觀似乎落差太大。再者，後續恐怕還會有很多因為金錢而起的溝通（甚至爭執）。第三，因為婚禮的借貸，將來恐怕是兩人生活的共同壓力！請注意，所有生活壓力都是會磨耗感情的！抱著這三個包袱，就算勉強結婚，這段感情恐怕還有很多挑戰得面對。

- 親密關係的看法不同

性，是另一個長期關係的重要關注議題。雖然性不是長期關係中的唯一重點，但要讓這段關係穩定延續，最少兩人在這議題上都得滿意。

講個更具體一些，就是兩人需要程度得是相當的，也得從對方身上獲得滿足。換句話說，如果兩人都很恬淡，那沒問題。相反的，如果兩人都期待常有親密關係，那也不會有問題。怕的是一個恬淡、一個每天都有需要，那就很傷腦筋。所以交往階段也得觀察兩方的接受度。

這議題對男人的重要性，大家心知肚明，我也不多說。但很多男生不知道的是，親密關係對女生一樣重要。就算女朋友因為禮教而不敢主動、或需求並沒有男人這麼大，但不表示她們不需要。也有可能她們重視的親密關係是常擁抱或隨時牽手這類動作。無論如何，親密關係的模式彼此必須有共識，也要彼此配合。任何一方長期不能獲得親密關係的滿足，終究會造成關係緊張。

以上是我整理出來的幾個重要的觀察指標。如果你跟異性交往，有上面這八點問題，那你可能得好好自問一下，你能接受嗎？長期下來，這些問題不會干擾你的日常生活嗎？如果肯定，那這段關係就有機會平穩延續；但若答案是否定的、甚至不確定，可能就得多考慮考慮了。

這時候，無論是彼此性格差異太大、對方有你無法忍受的缺點，或是上面這八個問題你覺得無法克服，恐怕都該考慮進行另一個重要的行動：就是情感的停損。

# 感情停損——雖然遺憾，但是你也得瞭解

要在此先解釋一下「停損」到底是什麼意思？

「停損」是個投資用語，英文是 Stop-Loss，意思是當你投資失利，走勢造成部位損失時，你得忍痛「斷尾求生」。減少手中的部位甚至出脫，以免遭遇更嚴重的損失。就像壁虎犧牲尾巴以求少輸為贏，不陷入某個錯誤的情境中。

不過照我自己的定義，在感情之中，停損應該更像是「避免自己逆勢而為 *」。所謂「避免逆勢而為」大概是這樣的意思：以金融投資為例，如果趨勢不如預期，就算沒有虧損，你也該把手上的部位出脫。以兩性交往而言，如果對方對

* 這裡要請大家特別注意喔，「避免逆勢」與「停止損失」看似一樣，但實際上意思是大不相同的。停止損失，看的是損失的絕對值；避免逆勢，則是試圖看出趨勢的風向。前者是等到結果明確才甘心離場。後者則是盡快看出風往哪裡吹，如果風勢不對、也不用等結果了。

你沒有好感，你就該減弱力道，避免造成更大的傷害（對方反感、關係破裂、甚至上社會新聞）。

概念本身不難。通常會有疑問的，是關於執行面的部份，也就是下面兩個問題：

- 怎麼判斷現在該停損。
- 怎麼知道沒有太早停損。

## 怎麼判斷現在該停損

會問這問題的朋友，通常是有些金融投資經驗的。他們在投資股票或是其他金融商品時，有個自訂的停損方法，而且通常都是跟著價位波動來做決定。舉例而言，某人在 100 元時買了某檔股票，然後訂出下跌 10%（也就 90 元時）就離場的規則。

但要把相同的概念轉移到兩性關係上，他們馬上會碰到的問題：**感情有熱度的概念可以理解，可是感情熱度卻沒有數值啊！**換句話說，股票有公開報價可以看，也有一些財務計算方法可算出合宜的投資價位。可是兩性關係，異

性又不會臉上寫個數字，那是要我們怎麼停損呢？

我得先說，停損的關鍵並不只是數字。就算是金融投資，用買入價格的一定比例當成離場的條件，也稱不上是好方法。因為這樣的停損規則一來沒什麼道理，二來容易被兩面打巴掌。久了之後，你就很容易受到別人（電視股市老師、周圍其他朋友等）影響而「覺得可以再看幾天」。

總而言之，當你的停損原則毫無理由只是一個百分比時，就有可能找出一堆理由來支持自己多看一兩天。就有可能原本只是砍掉尾巴，但最後卻落到得砍手砍腳才能活下來的狀況。一旦傷痛這麼大時，很多人就停損不下去了；寧願賭「將來會好轉」，而讓自己陷入越來越嚴峻的處境。

事實上這也是很多人的感情路越走越艱辛的原因。

每個在戀情遭受苦難的人，絕對都會認同要停損。但為何他們停不下、走不脫、而一路沉溺在不對的關係中呢？就是因為缺乏好的停損設計，造成當事人不斷「說服自己留下來」。當投入的時間、力氣以及金錢太過巨大，會讓人更捨不得割捨這段投入。所以明知道自己該離場，可是硬是走不了。就會造成狀況變成進退兩難、想接近不能、想離開又走不脫，通常得付出慘烈的代價才能退出這場困境。輕則失魂落魄，重則傷己害人，都不是好事。

但是在戀情一開始，兩人才剛認識的初期，若能正確觀察並發現問題，我們尚沒有投入太多，離場也不會有太大損失，較容易說服自己離開！如果我們每次進入戀愛市場採取的都是正確的方法，其實是可以在「投入最小」的狀況下離場。這時候因為損失輕微，正常人都能夠簡單忘懷。不用犧牲很長的時間與心力跟不對的人搏鬥，對方也不至於造成困擾，這恐怕才是對雙方都有好處的一件事。

所以擁有一個好的停損策略，是很重要的。可是如果停損跟「數字」沒關係，那到底跟什麼有關係呢？我的建議是，從兩件事情來觀察！

## 原始設定的進場理由現在還存在嗎？

進入任何一個市場之前，無論是金融市場或是戀愛市場，

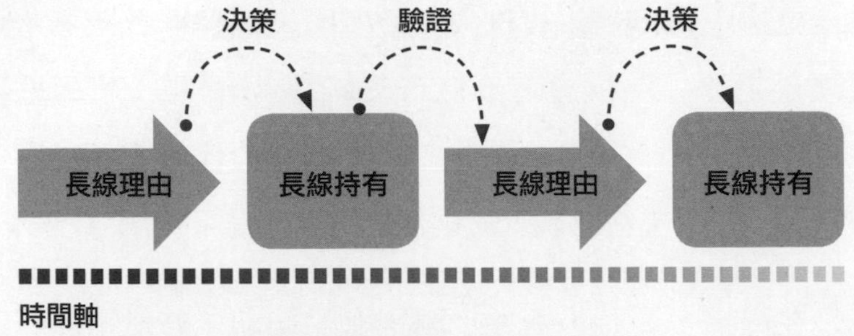


金融操作上，不管進場理由是什麼，
你都得不斷驗證原始的理由還存在。

我們都得想清楚自己到底是為了什麼理由進去。股市投資常有人從高點抱到變成壁紙，通常都是因為進場原因搖擺。明明為了短線的理由進場，可是到該退場時，又開始看長線的經濟指標說服自己續抱。或明明是為了長線理由進入，卻每天看著短線消息心中七上八下。這樣的態度，自然會讓執行毫無章法，容易衝動而壞事。

戀愛也是如此。當我們開始跟異性接觸「之前」，其實就得思考進場的理由到底是什麼？或許很多男生已經迫不及待想說說「這女生到底哪裡吸引他了」。可是，先別這麼急！這些吸引你的特質，完全不是我要問你的問題。她有

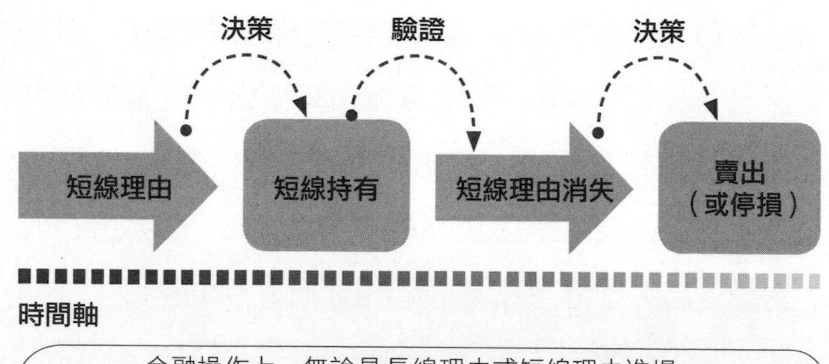


金融操作上，無論是長線理由或短線理由進場，
過程中不斷得確認理由是否還存在。
只要發現理由消失，就應該賣出或是停損。

柔軟的頭髮、漂亮的眼睛、惹火的身材、高雅的氣質、健談或是睿智，都跟你打算投入追求、甚至長期獻身是毫無關係的。

我所謂進場的理由，指的是下面兩點：

A. 為何認為自己有勝算？

B. 基於什麼前提假設，決定開始投入這段關係？

這兩個問題到底什麼意思呢？

我用個簡單的範例說明好了。你注意到某個你感興趣的女生常常偷瞄你，所以決定趨前認識，試著想讓關係更進一

步。這樣踏出第一步是合宜的！因為你感覺有收到對方「注意自己的訊號」（B）而覺得自己有機會。或是某個女生對大部分男人都很冷淡，唯獨對你會露出友善的態度，所以你覺得自己好像比別人更多些機會（A）。這些善意的訊號（偷瞄自己）確實可以當成她對你有好感的假設。

但反過來，若像前章節提及，「你試著去跟女生閒聊，結果她死命看著電梯的數字沒有跟你說話」，這則表示善意訊號似乎不太正確。這時候，就沒有值得繼續推進的基礎了！若還嘗試要買花送布偶，要「等她一輩子」，絕對自尋死路！

再來，請隨時回顧，原始設想的進場理由是否還存在？你覺得她對你親切，結果發現她是保險業務，只是想賣東西給你，那你要踩煞車。你覺得她看著你笑，結果發現她是笑你的穿著與髮型，恐怕也得控制自己別太衝動。你覺得她好像喜歡你，接近發現她始終冷冷的。這些都表示進場假設不正確，就該把步調緩下來。

## 過程中有不斷出現更多善意指標嗎？

所謂「更多的善意指標」，指的是你與她認識後，兩人開始很有交集？她很樂於跟你交談？兩人有很多話題？有共通的喜好或興趣？她會跟你開玩笑？或者她有任何表現確定不排斥你？如果沒有任何指標證明她願意讓你進入「自在階段」，那也該開始降低力道，而非更認真追求。

換言之，剛剛說到注意有女生偷瞄自己，那就多去找她聊聊天。她看到你來很高興，放下手邊的事情跟你聊，這就是有更多「善意的指標」，可以繼續下去。若你去找她，結果對方冷冷的。那表示哪裡出了問題，這時候就得停止前進（甚至往後略退）。重新觀察狀況，重新擬定接近策略，而不是還不死心不斷找她聊天。

這就是我所謂停損的概念：唯有不斷有新的善意指標，你才應該留在場中，甚至向前。如果你的任何動作沒有看到對方持續的善意，表示你很可能做錯了、走錯了，或一開始想得太樂觀。這時候就得停止逼近（甚至冷卻），才

能避免對方感受壓力，或產生反感的情緒！

**如果一開始根本就不認識女生呢？**

看到這邊，有男生可能會問：「萬一我們根本就不認識，她也沒有特別對我笑過，不就表示我沒有入場的理由？難道我就不該接近對方嗎？只有女方主動我才能開局嗎？」

當然不是這樣。你絕對可以試著自我介紹，甚至嘗試認識。可是不要在心中抱持「不能沒有她」的態度。前面提到「你接近後，有看到更多善意指標嗎？」的概念就很重要！如果你的接近或是調情，對方有以「正確力道」打回來，那確實可以繼續「跟隨」用更強的力道來試一下。可是若對方根本不接球，或是接不到球，那你就沒道理持續站在場中了。

你當然可以因為對方很有吸引力，所以趨前認識。對方若只是閃躲、冷淡、裝傻、愛理不理、甚至拚命迴避，就表示她對你沒有興趣，這時候你就該考慮在力道上減碼了（或改變接近方法）。因為堅持下去，除了造成彼此困擾，

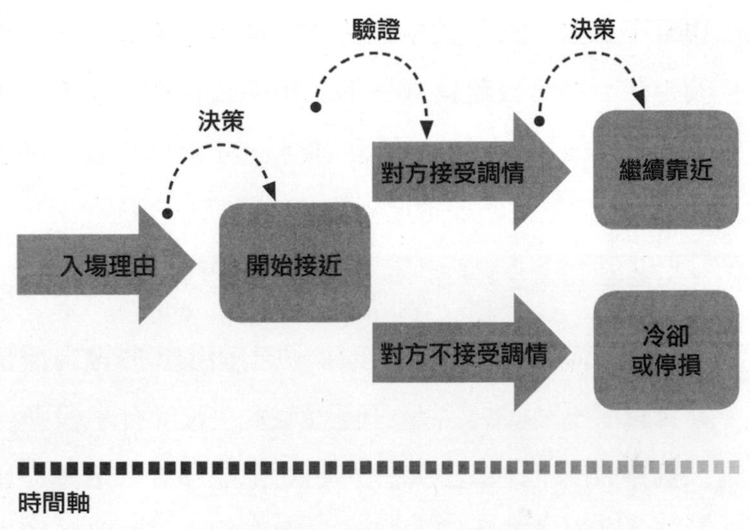


戀愛與金融投資是完全一樣的概念。
繼續深入，是因為對方有所回應。而不僅是因為你很喜歡她。

並不是在做什麼有價值的事情。在這狀況下，不管你覺得她多美、多吸引人，都不是你該繼續堅持的原因。你在關係上繼續擊球只能是一個理由：**對方逐漸靠近你，不斷給你正面的反應！**

很多男生為何每每都把自己搞得灰頭土臉，讓女生避之唯恐不及呢？因為他們在進入一段關係時，腦子想得完全只

是「我有多喜歡」這個女生。遠遠地觀察了幾個月甚至大半年的，好不容易鼓起勇氣接近對方（沉沒成本上升）。而且很可能還是因為一些「不利因素」才促成勇氣。比方說，發現別的男生開始跟她走得近了，這時候才開始有「不趕快行動就來不及了」的感覺（沉沒成本再往上）。

可是你從來沒有跟她有任何往來，突然跳出來告白或追求，讓自己很不利！男生更可能因為女生沒有什麼反應，又急又慌，在最糟糕的時間投入大量的力道，希望「感動」對方（沉沒成本繼續上升）。對方的心這時候可能已經被那個走很近的男人吸引了，我們這位陌生人的追求對她來說毫無意義。她只會產生前文提到的像是，好笑、厭煩、甚至恐懼的情緒。結果對方的好感很低，你卻自己累積了很多沉沒成本，這時候要你停損，當然會覺得椎心之痛。可是這一切痛苦根本是自找的。

所以，與其偷偷摸摸喜歡一個女生，想了很久才鼓起勇氣接近，還不如在有好感的當下，盡快去認識。先嘗試讓彼此自在地談話聊天，讓對方對你有好奇心，試著找出兩人的關係定位，並透過不斷加深的調情來嘗試接近。反應好，你就持續跟隨下去。若女生實在沒有給你任何正面的興趣反應，你就停止力道，或是慢慢退後，甚至撤離這個場子。這才是最不造成別人困擾，也不會讓自己掉入一個「不可能迴圈」的安全作法。

## 停損是否意味著努力不足呢？

下一個問題是：會不會停損的太早呢？很多人會覺得：「有沒有可能我多努力一些，對方會被我的誠意感動？或是對方只是想試試我的真心？或是對方打算在三個人裡頭挑一個最用心的？我搞不好差一點就達陣了，若現在放棄，不就整個前功盡棄？」

我的觀點是，不會。

如果對方在兩人互動的初期沒有給你任何正面的回應，哪天突然「頓悟」要想跟你交往的機率幾乎是零。至於對方若是存心玩弄或測試，表示一開始她對你的「實質興趣」也是很低的（若真對你有好感，為何還要故意測試你？）

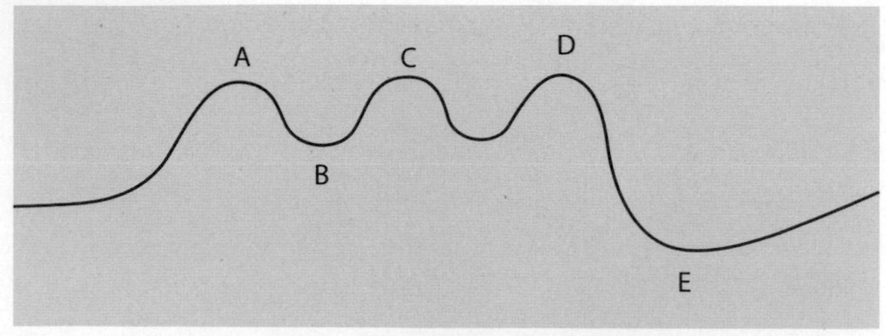


還記得這張圖嗎？
幾次都無法突破，就該在 D 點考慮更大幅度的冷卻。

就算測試半天讓你更進一步，很可能也是看到你其他外在的因素或是獻禮而願意給你機會。這樣的女孩子老實說也未必是值得長期交往的對象。與其因為美色，沉迷在某段不對等的關係中，還不如提早停損，把時間花在找尋另一個更值得的人身上。這樣對你自己，反而才是有益的策略！

講得更明白些，只要你發現自己卡在一個不上不下的位置、且持續衝不破時，都是該考慮降低力道的時候！這概念也就是前章節講的「冷卻」。先冷卻，持續觀察後面還有沒有回到戰場的指標。如果對方發現你跑了，回頭關心你（善意指標出現）、想召回你，那當然可以繼續下去。如果跑掉了對方久久沒發現，或是發現了也懶得關心，停損就是完全合理，也是必要的舉動。

此外，除了面對很明確的抗拒外（牽手卻躲開），兩人相處時你觀察到下面幾件事，可能也該考慮是否要冷卻甚至根本性的停損。

- **談話時對方持續注意力不集中**
- **對方似乎有其他目的**
- **對你很友善，但始終找不到兩人的共通性**
- **兩人看法、論點、價值觀差異太大**
- **常常露出無法理解你説話的內容是什麼**
- **你跟她真的很難聊**

你喜歡一個女孩子，她很明顯不討厭你。你找她聊天，約她出來都沒問題。可是兩人怎麼聊也找不到共同的興趣，話題一下就說完了。對這樣的女孩子，我不會拚命「跟隨」。如果關係拉太近，兩人還是這樣缺乏「心靈交流」，這段關係很難繼續下去。為了不要傷己傷人，我就不會太

用力拉近彼此的距離。

尤其當對方跟你是因為利益關係或商業關係而互動，上面這幾點就更要特別注意！舉例而言，你是公司的 RD，有個材料商的美女業務常來。她記得你，也跟你相談甚歡，還給你 Line 與 FB。你的口頭調情，她也都回應。這看起來都很正面不是嗎？

可是你可能發現她來拜訪你時，聊天過程中，每次你講到自己的事情時她常常心不在焉。或是你講的東西她很少有共鳴，似乎也無法感受到她的興趣。但是她還是常來，你也持續嘗試進攻。可是一方面好像很難突破，二來又有上面這六點的狀況，表示她或許壓根兒沒有想跟你更進一步。有可能純粹只是商業上的禮貌。既然如此，或許該把追求面的企圖冷卻，最後完全停損。大家還是可以商業合作，但最好不要有多餘的野心了。

另一個大部分人會擔心停損太早的原因，實在是他們的概念並沒轉過來，還是在試圖「追女生」。但是女生不是靠死命追求得來的。如果你：

- 不能讓女生對你好奇
- 不能吸引對方的注意力
- 無法跟她有密切的生活交集

你就不可能讓對方產生興趣。沒有興趣，你就沒辦法順利拉抬對方的起始熱度。當起始熱度很低，對方沒有興趣進一步認識，就算你多占據對方的時間，也無法有效拉抬對方的情緒。送禮物之類的只是讓別人不趕走你，但要讓對方繼續靠近則幫助有限。站在期望值的角度而言，把大好人生賭在機率上，其實是不值得的。

當然，這作法一定有男生會不死心：「如果我接近一個女生，發現對方對我沒什麼好感我就退後，不就表示我對她不是真愛？」我也完全理解男生的這種心情。可是你跟她連話都沒說過幾次，兩人完全無法建立互動，你連對方的性格與心理都毫不理解的情況下，只看外表就覺得自己愛到無法自拔。這又能算真愛嗎？

所謂的真愛，來自於你與對方有一定的互動，有一定的情

感牽絆，累積了生活經驗、有一定的共同記憶，一起對未來的承諾與約定。如果你跟對方根本沒有機會走到40分以上的感情熱度量表位置，憑什麼說對她有感情？40分以下的話，連好朋友都還不算，在那樣的狀況，「你等於不認識對方」。

男生普遍的謬誤，都以為自己在暗戀階段與追求階段的情緒是非常強大的、是可以一生一世的、是可以至死不渝的。可是那完全是男人的豪語。等你有過幾次情感的經驗，你會發現自己在這階段實在是過度熱血、也做出過分誇大的承諾了。

男人唯一能肯定自己是不是碰到真愛，就是在跟一個女生有過親密關係後。那是男人理智最清楚，最能搞清楚自己真實心意的時間。男人的情緒在親密關係之前通常都非常高漲，只會注意女人的優點以及性特徵。可是親密關係一結束，男人理智就開始主導所有的思維。這時候的想法、說法、做法才是真正理性主導的結果，這時候也才是最冷靜、最能看出本心的一段時間。不過很遺憾的是，一段時

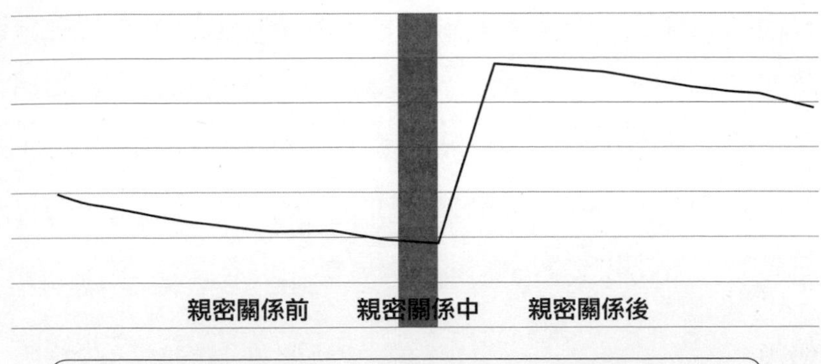


男人在親密關係前到後的心情轉變狀態。（曲線為理智程度）

間後，男人的情慾又會慢慢高漲，這時候理智又會被埋沒掉。

而男人確實很容易因為欲望而做出完全不理性的事情。2005 年由 Stuart Gordon 執導，名叫《鬼迷心竅》（Edmond）的電影，很深刻諷刺地反應性慾怎麼影響一個男人。就算主角是一個四十多歲事業有成的大叔，也會在欲望高漲的晚上喪失理性決策的能力，不斷做出執著但極度愚蠢的事情。最後甚至殺人入了監牢。

總而言之，在獲得生理滿足之前，男人的認知有很高比例

是因為欲望放大的結果。對女人的看法，也很可能是欲望帶來的幻想。所以在兩人沒到一定關係前，男人有 90％以上的心情都只是被情慾驅控著，而非真愛。也因此請不要自我誇大了真愛，蒙蔽了理性。隨著你在兩性交往的經驗越多，你可以慢慢以此自我檢視。

**最後**

停損的觀察，不在於絕對的數值，而在於對方是不是接住你打過去的球。如果沒接，你努力地滿頭大汗，很可能最後也只是遺憾收場。與其在大海游得力氣耗盡，不如趁天色尚早離岸，快速回頭得好。

不要遺憾逝去的時間，不要可惜之前的投入，要想想停止後，你還有可能在未來找到正確的幸福。就算一段錯誤的關係折磨了你三年五年，你還可能有未來的三十年五十年可以好好地過。越早停損，將來的好時光會越多，別讓「沉沒成本」拖住了你！

【附錄】

# 感情熱度量測表

為了幫忙大家在「跟隨」（冷卻與加溫）的過程中能大概瞭解自己跟女生之間的距離，所以在此附上一張「感情熱度量測表」。你可以透過女生的行為反應來瞭解自己在對方心中的大概分數，以及兩人的互動可能落在哪個情感階段。

但為避免大家錯誤使用，我得要先說明一下「使用規則」！

- 首先，這張表適用的對象為年紀介於 25 歲至 35 歲之間（正負 3 歲）的女性。年紀小於這範圍的女孩子是否適用，我因為缺少「樣本數」所以無法肯定。
- 若你的目的是為了把妹或是一夜情，那這張表將「明確不適用」。這張表的目的是要幫助大家建構力量平等的「長期伴侶關係」，所以列出的查核點跟只為了短期關係所要觀察的指標及觀察順序不太一樣。
- 每項「查核里程碑」下面都帶有一個數值。這數值代表的是一個「相對性」的「親密度」。表示女方對你的好感，原則上正值越大越好。

- 所有十位數的里程碑（如 10、20、30 等分數對應的里程碑）我稱為「重要里程碑」，通常在關係確認上有重要的觀測意義。

- 個位數非零的里程碑（如 11、22、25、37 等），是較為次要的「附帶查核事項」。有觀測到很好，部分沒有發生也沒關係；因為有些女孩子受限於性格與成長環境，不會以此態度回應你是有可能的（如分享自拍照）。

- 我要特別強調！本查核表「僅」在你與女方毫無「上下關係」以及「利益關係」時，才有參考價值。所謂「上下關係」，可能是你是她的上司、你是她的老師、你是她爸爸的朋友等。至於「利益關係」，如是她的潛在客戶、她是你的理專，或是任何你在營業場合認識的女性（店員、空姐等）。總而言之，若她的行為很可能因為一些因素而非發自本心，這些查核點就算達成也不一定代表什麼。這是你在使用上要特別留意之處。不是說你不能追店員或是空姐，而是因為她們可能因為工作關係需要敷衍你，所以表中的里程碑就算觀測到，你恐怕還得進一

步判斷那是真心表現還是工作需要。

- 跨過靜摩擦力門檻的核心關鍵點並非一個單一分數，而是一個區間。位置大概介於 70 ～ 100 分之間。
- 一般人以為重要的事，像是「要電話」或「成功約出來」，我個人以為對於關係評估的幫助不大。另外，是否「推倒」也很難作為判斷依據。男女都有可能因為氣氛、情緒、或一時衝動而發生親密關係。也因此推倒有可能帶有衝動性質，所以單次的親密關係，未必能代表對方想跟你交往。目前我認為最可靠的指標，是 120 分。
- 談戀愛並不是玩遊戲。這裡列的里程碑僅供參考，讓你瞭解你與她的相對位置。實際執行上未必需要一個個「順序闖關」。若有已經達成後面的里程碑，並不用退回去非把前面的每一個「獎盃」都拿到。
- 10 ～ 50 的五個重要里程碑請盡可能達成。雖然實務上你可以挑戰後面的里程碑，但這樣基礎通常不穩固，不利於長期發展。若可以，請多花些時間在前期「建立共通性」上。因為一段缺少共通點的感情，就算發生親密關係，後面也會苦於很多相處問題。寧願早期發現問題，而不要想著要先占有對方。步調太急最後有可能害人害己。

- 查核點不是談戀愛的手段，只是過程中的「確認機制」。千萬不要倒果為因，一直想怎麼達成里程碑，或是一直鑽牛角尖的思考：「XX 事情發生了，算不算里程碑有達到？」基本上若達到這些里程碑，你一定會明確感受到。若感受不明確，或是投機取巧認為有做到的，那都是沒用的喔。

- （重點）愛情管理一至七堂課以及這份表列出的終究是「大原則」。但凡事沒有什麼百分百，查核點的相對落點、順序，以及分數，在面對不同性格、不同生長環境的女性，都可能略有差異。大家當參考 OK，實際面對時，還是要根據當時的情境、兩人認識的狀況，加入自己的判斷甚至略微調整。

- 大原則是，進二退一。如果這個里程碑站穩了，可以嘗試下兩個。如果過不去，往後退一步，還是不行才退回目前所在的點。

- 請搭配書中內容共同使用。請先瞭解四個階段、三大門檻，也瞭解加溫、冷卻、觀測、跟隨、以及停損的相關知識，才能正確的使用這份量測表。
- 更多相關知識可以到我們的部落格 www.projectup.net 並請密切關注我們後續的「戀愛大人學」課程

# 為何會拿好人卡？

## ——老僑的七堂戀愛管理課，翻轉你自以為是的愛情觀！

作　　者——張國洋（老僑）
主　　編——陳秀娟
美術設計——葉若蒂
校　　對——張國洋、陳秀娟
行銷企劃——塗幸儀

第五編輯部總監——梁芳春
董 事 長——趙政岷

出 版 者——時報文化出版企業股份有限公司
108019 台北市和平西路三段二四〇號七樓
發 行 專 線—（〇二）二三〇六—六八四二
讀者服務專線— 〇八〇〇—二三一—七〇五
（〇二）二三〇四—七一〇三
讀者服務傳真—（〇二）二三〇四—六八五八
郵　　　撥— 一九三四四七二四時報文化出版公司
信　　　箱— 一〇八九九臺北華江橋郵局第九九信箱
時報悅讀網—http://www.readingtimes.com.tw
電子郵件信箱—yoho@readingtimes.com.tw

法律顧問— 理律法律事務所　陳長文律師、李念祖律師
印　　刷— 勁達印刷有限公司

初版一刷— 二〇一五年三月二十日
初版二十四刷— 二〇二三年十二月十一日
定　　價— 新台幣三二〇元

時報文化出版公司成立於一九七五年，
並於一九九九年股票上櫃公開發行，於二〇〇八年脫離中時集團非屬旺中，以「尊重智慧與創意的文化事業」為信念。

為何會拿好人卡?：老僑的七堂戀愛管理課,翻轉你自以為是的愛情觀! / 張國洋（老僑）著. -- 初版. -- 臺北市：時報文化, 2015.03　面；　公分
ISBN 978-957-13-6200-7(平裝)

1.戀愛 2.兩性關係

544.37　　104001464

ISBN 978-957-13-6200-7
Printed in Taiwan